岩 波 文 庫

34-122-3

岩 波 書 店

Walter Bagehot

THE ENGLISH CONSTITUTION

1867, 1872

凡　例

一、本訳書は、Walter Bagehot, *The English Constitution*, the second editon (1872) の全訳である。上巻には第五章までを、下巻には本文の残りと第二版の冒頭に置かれた序文を収録した。底本には、*The Collected Works of Walter Bagehot*, Vol. V, ed. by N. St. John-Stevas, The Economist, 1974 (pp. 165-396) を使用した。本書の初版は、一八六五年から六七年まで、『フォートナイトリー・レビュー』に連載された各論文を初出に、これらの掲載と同じ順番で章構成を保ちつつ書き換えが加えられたもので、一八六七年に出版された。続いて一八七二年に、章構成も含め、大幅に改訂された第二版が出版された。これが、本書の最終版である。初版から第二版への章構成の変更については、上巻「はしがき」を参照。

一、連載時のバジョットのねらいは、近々行われることが確実視されていた選挙法改正をめぐる論争に一石を投じることだった(「解説」を参照)。本訳書では、こうした観点から本書を歴史的に読み解く一助となるよう、初版にのみ付けられた「補論　選挙法改正について」を下巻の巻末に収録した。また、バジョット自筆の初版の「告知(Advertisement)」

を「はしがき」として上巻に収録した。これらについては、初版である *The English Constitution*, Chapman and Hall (1867) を底本として使用した(「告知」pp. v–vi、「補論」pp. 339–48)。

一、本書のタイトル *The English Constitution* の邦題を『イギリス国制論』とした。その理由については、末尾の「解説」で述べた。

一、原文でイタリックの箇所には傍点を付した。

一、古代ギリシア語、ラテン語などにルビを付したところがある。

一、訳文中の( )は原著者によるもの、〔 〕は訳者による補足である。

一、原注は*で示し、段落末に注釈を置いた。訳注は(1)(2)……で示し、巻末にまとめた。

一、本書の理解にとって重要な原語(deference, reverence, business, manage, administrate, capitalist 等)とその訳語については、「解説」や「訳注」で適宜説明している。

一、原文には、複数の論点が入ったかなり長いパラグラフがある。読みやすさの観点から、一つのパラグラフを適宜複数に分割した。分割した場合には、その箇所を〔/〕で示した。

一、翻訳にあたって、以下の既訳を参考にした。
『イギリス憲政論』小松春雄訳、中公クラシックス、二〇一一年(『世界の名著60』中央公論社、一九七〇年)。

『英国の国家構造』深瀬基寛訳、弘文堂書房、一九四七年。
『英国憲政論』吉田世民訳、平凡社、一九三一年。

目次

上巻目次

イギリス国制論（下）

第六章　政権[1]交代

イギリス国制には、ときどき生じる一つの誤った解釈がある。いつと定まってはいないが、ある状況がしばしば生じることで、この誤った解釈が自然と提起されることになる。その状況は確実に生じるものなので、その解釈の方も息を吹き返すことになる。議会、特に庶民院と行政府との関係は、イギリス国制に固有の特殊なものであり、この関係をめぐってしばしば生じる出来事が人々をたいへん悩ませている。

その出来事とは、政権交代である。これによって、政権担当者の全員が一斉に政府を去り、行政府全体が一新される。少なくとも、省庁の長全員が入れ替わる。政権交代が起きると、これは愚かな慣行だと叫ぶ空論家が必ず出てきて、次のように主張する。「グラッドストン氏やラッセル卿が、改革について間違いを犯したことに疑いの余地はない。また、グラッドストン氏が庶民院を妨害してきたことも疑いない。[2] しかし、こうした問題が、一つか二つ起こったからといって、すべての実務的部門の長、その全員を交代させる理由になるだろうか。一八五八年の出来事以上にばかげたことはないだろう。パーマストン卿も、このときばかりは調子に乗りすぎた。愚かな質疑に対し、乱暴な答弁を行った。パーマストン卿は、女性のことで醜い裁判沙汰となった貴族[3]を内閣に招き入れた。パーマストン卿、というよりも〔ヴィリアーズ〕外相のほうだが、彼はフランス政府からの急送文書に急送文書で返答せずに、大使に口頭で返答するように命じた。[4] これら一連の些末な問題のために、つまり、とにかく政権運営とは関係のない個別の失敗を理由に、全省庁の大臣が一新されたのである。救貧法庁の長官や内務省の大臣、建設省の大臣までもが新しくなったのである。これは本当にばかげたことだった」。さて、この反対論は、正しいだろうか、あるいは間違っているだろうか。一般論として問うなら、全大臣を交代させるのは賢明なことだろうか。

　政権交代という慣行は、三つの大問題を生み出す。第一に、これによって実力もわからない新人が突然大臣に*[5]なって政策を指揮することになる。つい最近もこんなことがあった。クランボーン卿は、株式仲買人になるつもりがないのと同じくらいインド大臣になるつもりなどなかった。卿がインド問題に関心を払ったことは一度もなかった。どんな知識も習得できる有能な教養人だから、インド問題についても習得は可能だった。しかし、クランボーン卿の頭の中で、インド問題は「本質的な問題」ではなかった。彼自身がいつも頭を使ってきた問題でもなく、好奇心から考えてきた問題でもなく、考えずにはいられない問題でもなかった。ところが、ラッセル卿とグラッドストン氏が選挙法改正問題で庶民院の不興を買った〔ために自由党から保守党に政権が移った〕ので、クランボーン卿がこの地位に就くことになったのである。〔／〕

＊現在のソールズベリー卿。本章の執筆当時はインド大臣だった——第二版の注。

こうしてインド問題にまったくたずさわったことのない人物が、インド帝国のすべてを統治することになる。大臣が一斉に交代する場合には、こうした事態がかなり頻繁に生じるにちがいない。二〇名の大臣の地位が一度に空席になるとして、同数の有能で聡明な経験者をすぐに後釜に据えることなどほとんど不可能である。政府を作る難しさは、チャイニーズパズル(6)を組み立てる難しさによく似ている。空いた箇所に手持ちのピースが合わないのである。さらに、省庁に適任者を充てることは、パズルのピースを合わせることと以上に難しい。なぜなら、ピースとは異なり、配置された大臣たちは反対できるからである。反対者がひとりでも出ると、政権全体の組み合わせが壊れてしまうこともある。一八四七年、グレイ卿は、パーマストン卿が外務大臣になるなら、ジョン・ラッセル卿政権への入閣を断ると言った。他方、パーマストン卿の方は、外相になりたがった。こうして、この政権は成立しなかったのである。たったひとりの入閣拒否によって政権樹立が流れるのは、まれな事態である。こうしたことが起こるには、他にいくつもの要因が併存しているにちがいない。しかし、入閣を拒む何名かのために、政権の成立が妨げられたり、台なしになったりすることは、よくあることである。政権の樹立にあたって、自分の望み通りの布陣でこれを行えることはほとんどない。なぜなら、大臣の椅子を狙っている政治家の多くは常に、非常に尊大だったり、非常に貪欲だったり、あるいは非常に強情だったりするので、収まるべきところにそのまま素直に収まろうとしないからである。

〔政権交代における〕第二の問題は、このしくみによって、無知な新任の大臣が任命されることになるだけでなく、現職の大臣たちが職務に無関心になるということである。自分自身で制御できない事柄や自分が関係していない失敗、一連の様々な現象の結果生じた世論の変化によって、道半ばで職務を外れなくてはならず、しかも二度と復職できない可能性が高いと予想できたとすれば、自分の職務に同じ関心を持ち続けることはできないだろう。はじめての役職に任命された新人は、自分の職務について徹底的に学んでやろうと考えるはずである。しかし、実際のところイギリスでは、新人がこうした意欲を持つことはまったくない。というのも、この人は、政党と政治の直近のうねりによってそこに打ち上げられただけで、次の波が来れば、またどこかへ流されていくかもしれないからである。熱意あふれる若者なら、こうした不利な立場でも、職務に強い関心を抱く。しかし、大半の人たち、とりわけ老人の場合には、ほとんどそうはならない。くたびれ果てた大臣たちの多くは、職務のことよりも、自分の地位を左右する政界の荒波のことばかり気にしているように思われる。

第三の問題は、大臣たちを突然交代させることによって、政策の誤った変更がなされる可能性が高まるということである。多くの仕事、いやおそらくほとんどの仕事では、優秀な人材がたまに出てきて担当するよりも、凡人でもかまわないのでとにかく継続して当たる方が結果はよい。たとえば、現在、科学技術の発展によって、兵器が革命的に進歩しているが、だからといって、陸海軍の兵器調達部の長を急に交代させることには、多くの出費と損害が伴う。新しく発明されたものを適切に選考できる人物がひとりいれば、おそらく、何年か経つうちに、多少の経験を積むことで、まずまずのレベルには到達するだろう。その人物の能力はしっかりと定期的に新しい物を試していく能力であり、それによって、急な交代の問題がすっかりなくなるとまではいかないにせよ、軽減はできるのである。しかし、大臣たちを短期間で交代させる場合には、こうした利点は働かない。大臣たちは前任者の経験から学ぶことはない。パブリックスクール(7)の寮生代表が、前年の寮生代表の経験から学んでいると考える人はいないだろう。それと同じである。長年の経験がもたらすもっとも価値ある成果は、様々な過ちに対して本能的に警戒できる絶妙にバランスのとれた精神である。しかし、こうした精神は、個人の経験がもたらす能力だから伝承できない。退任する大臣が後任者に自分の経験を残すことができないのは、兄が弟に経験を譲り渡すことができないのと同じである。こうして、大臣が急に交代することは、突然の予測不能な政策を生む可能性をもたらすことになる。

こういった批判はかなり手強い。とはいえ、これに対しては四つの点で反論が可能である。あるいは、多少はかわすことができるだろう。少し検証してみればわかるように、大臣の交代は、議会政治には不可欠である。およそ選挙に基づく政治であれば、同じようなことがつきものだと思われる。大統領制の場合には、もっと悪い結果が起こっている。大臣交代のしくみは、優れた政治運営を必ずしも損なうものではなく、反対に、優れた政治運営の必要条件なのである。イギリスの政治運営に見られる明白な問題点は、議会政治の結果ではなくて、議会政治とは関係のないイギリスの政治状況や社会状況の重大な欠陥から来ている。つまり、その問題点は、現行の政治制度からではなく、それ以外のものから生じているのである。

まず第一点目の反論について。議会から大臣の選任権を取り上げるべきだと考える人々は、議会とは何であるのかについてきちんと考えてこなかったと言える。議会は、多少時間に余裕のある人々から成っている大集会に他ならない。だから、議会に権限を与えれば与えるほど、どんなことも調査し、解決し、干渉したがる。一般的な専制国家では、専制君主の権力は、君主の身体的な能力と快楽の要求度によって限界づけられている。専制君主もひとりの人間にすぎないので、働けるのは一日に一二時間しかない。しかも、退屈な政務のほんの一部分にしかやる気を起こさず、残りの時間は、宮廷やハーレム、あるいは社交に向けられる。専制君主は世界の頂点に立っていて、この世にある快楽のすべてが、彼の目の前にお膳立てされている。ほとんどの場合、君主が理解しようとする政務は、全体のほんの一部分でしかない。本人も、政務の大部分は自分には理

解できないものだということが(この種に属する人物が持つ鋭い動物的直感から)わかっている。〔ノ〕

しかし、議会の場合、構成員の大多数は、どう見たところで世界の頂点にいる人々ではない。優越した地位にある議会を創設すれば、国の支配を一種の専制的支配者に委ねたことになる。この支配者は、無限の時間と無限の虚栄心を持ち、無限の理解力を実際に持っているか、あるいは自分で持っていると信じている。この専制的支配者が喜びとするものは活動にあり、仕事が生きがいになっている。議会の好奇心には際限がない。以前のことだが、サー・ロバート・ピールは、その日のうちに自分が受ける質問の一覧表を作ってほしい、と提案したことがある。表には、五〇前後の質問があった。推測すると、他に議題に加わっていてもおかしくないテーマは、一〇〇〇件に及んでいたことになる。一つの質問が片づくと、次の質問が始まる。心から知りたがって質問する議員、懸案の問題の改善を真剣に望んで質問する議員も多少はいる。しかし、それ以外の議員たちは、新聞紙上に自分を載せようとして、また自分たちに対する監視を怠らない選挙区に対して、自分たちも選挙区のことを気にかけているのだと示すために質問する。出世のためや政権の一員の座を得るために質問したり、あるいは自分自身でも説明できない小さな動機が積み重なって質問をしたり、質問を趣味にしている議員などもいる。適切な答弁を〔これらの質問に対して〕しなければならないのである。「ダービー・グリフィス(8)が第一次パーマストン卿政権を倒した」という説もあった。たしかに、勝利に酔った首相が調子に乗り無礼な態度をとって、真剣な面持ちの議員たちに向かって答弁したことが、議会におけるパーマストン卿の権力に傷をつけた。人は誰でも、自分が軽々しく扱われることを許せないものである。同様に、主権を持った議会は、自らの権力を軽んじられたり、侮られたりすることが許せない。今の時代の大臣は、施政の全範囲にわたって、ある行動をなすときにはなぜ今こうした手を打つのか、何も行動しないときにはなぜここで動かないのかということについて、議会できちんと説明しなければならないのである。

政府の全部門がいちばん恐れなければならないのは、思いつきの質問ではない。政府の各部局の施策に対して、五〇名の議員が熱心に実施を求め、別の五〇名が別の施策を求める場合がある。その結果、二つの政策の綱引きとなり、相手が望んでいる目標を台なしにして、各派どちらの目的もとことん達成されない、ということがある。こうなる経緯は、ごく単純である。〔／〕

政府のどの部局も、ときおり苦境にあるように見えることがある。見かけだけの失策のこともあれば、本当の失策のこともあるが、いずれにしても衆目を集めてしまう場合である。その部局に影響を与えようと思っている議会内の各反対勢力が、ただちにこの機を捉える。彼らは演説を行って、文書の提出を求め、統計を集める。そして、こう主張する。「現在当局が進めているような政策が成功した国はどこにもない。古くさい、金のかかる政策で、人的資源の無駄遣いだ。アメリカやプロイセンがやっていることと真逆ではないか」。新聞各紙も、本来の性質上、こうした批判を支持する。政府をあれこれ悪く言うことが、国民を楽しませることになる。それを記事にするのは簡単だし、読むのも話の種にするのも簡単である。この手の記事は、人々のうぬぼれの感情をくすぐるのである。読者は記事を読みながらこう思う。「俺はあんなやつとは違う。なんてありがたいことだ。俺はクリミアに〔焙煎していない〕生のままのコーヒー豆を送ったり、一般小銃用に特殊な弾薬筒を送ったり、元込め銃用に普通の弾薬筒を送ったりしない。俺は稼いでいるというのに、あの役立たずの役人たちは無駄遣いしているだけじゃないか」[9]。どんな人も、政府を擁護する記事を探して読んだりはしない。そうした記事を見つけると、その記事が本当のことを言っていないように自然と感じてしまう。野党は、攻撃する問題の選択に関して制約がない。だから、政府当局が正しい政策を展開していると一見してわかるような問題を野党が選ぶことはめったにない。第一印象として植えつけられることになるのは常に、何か恥ずべきことが起こったとか、これこれの人たちが実際に死んでしまったとか、この銃とあの銃の弾が出なかったとか、この戦艦やあの戦艦は出航できないようだとかいった話になるだろう。うまくいった話はどれも不人気だし、賞賛の記事はどれも非常に退屈である。

このような部局にとって、自分たちを擁護してくれる公認の議員がいない場合ほど、非力であることはない。議会のスズメバチたちが当局に襲いかかる。ハチたちは、楽に刺せるものがあって、刺しても心配ないと感じている。というのも、仕返しに刺される可能性がないからである。こうして不満の小さな種が芽を吹いて、やがて大きな実を付ける。すぐさま現職の首相が呼び出されることになる。首相は行政府の長である。だから、もし野党の言い分に誤りがあるなら、それを正さなければならない。野党の指導者は次のように言う。「第一大蔵卿(10)閣下〔首相のこと〕に伺います。閣下は実務に精通しておられる。私としては、閣下が進めておられる目的には賛同いたしかねます。とはいえ、政務達成のための手法と手段のことでは、閣下はほぼ完璧な達人の域に達しておられる。

閣下は望んだことはなんでも実行されている。それで、こんな訳のわからない過失や間の抜けた無能ぶりが、公務において許されてよいのか、伺いたいのです。おそらく閣下は、私の話を無下にはなさりますまい。そこで私としましては、各部局の文書を示して」云々。〔／〕

首相はどう対応するだろうか。首相は、この件については聞いておらず、気にかけてもいなかった。しかし、政府の支持者のうちの何名かは、当局に反対したいと考えている。そこで、切れ者とされている大物議員が「これは本当にひどいことではないか」とつぶやく。大蔵大臣がこの大物議員に語りかける。「庶民院は動揺しているようだ。たくさんの議員が震えているよ。ＡＢの昨日の話によると、彼は四日続けて質問攻めに遭ったらしい。実のところ、私としても省は少々たるんでいたのでは、と思うようになっている。おそらく、これから追及が」云々。ここまで来るといよいよ首相が腰を上げ、答弁を行うことになる。「このきわめて重要な案件につきましては、政府も真剣かつ重大な関心を払って検討して参りましたが、複雑に入り組んだ問題でございますので、省にもまったく誤りがなかったと言える状況にはございません。とはいえ、私はこれまで政府に対してなされたご発言にすべて賛同する、というわけにも参りません。省に対する非難のいくつかは、互いに矛盾した内容であることは明らかでございます。もしA氏が火曜日に生のままの豆で淹れたコーヒーを飲んだことが本当の死因なのでしたら、翌々日の木曜日、医師の不十分な処置のために苦しんだということは、ありえない話であります。しかしながら、この問題は非常に複雑で、また、私自身これまで経験することのなかった尋常ならざる問題でもありますので、ただちには判断いたしかねるところでございます。そこで、もし当院の委員会で調査させるということにご納得いただけるなら、その提案に応じる用意がございます」。

この話し合いの蚊帳の外にあった当局は、内閣に不信感を抱いて、支援者にできるかぎりの情報を流すことになるだろう。とはいえ、見識をそなえた味方がいたら、実に幸運と言うべきである。この種の仕事を引き受けたがるのは、お人好しの素人で、大いに善意があり、非常にきまじめで尊敬すべき人物であるが、頭の切れはそれほどよくはない。彼の話の一つひとつは間違っていない。ただし、議論のつながりが弱い。その話しぶりはかなり見事であるが、あまりにも美辞麗句が過ぎるので、みんな議場を出て行ってしまう。こういう人物は、庶民院の剣闘士たちが一度にかかってくるとまったくかなわない。剣闘士たちの手にかかれば、彼の麗句などズタズタにされてしまう。剣闘士たちは、彼には事実誤認があると指摘したり論じたりする。こうして、彼はいらいらして立ち上がって、説明しなければならなくなる。ところが慌ててしまって、しくじることになる。必要な書類が見つからず、まず顔を真っ赤にしてうろたえ、それから口ごもって、しまいには座りこんでしまう。おそらく彼は、当局の弁護に失敗したと思いながら庶民院を後にするだろう。そして、次の日の早朝には、『タイムズ』が一部始終を世間に向けて報道することになる。

無理もない話だが、理論家の中には、各部局事務官の長にも議会で答弁する権利を与えるべきだと論じた者もいる。このしくみが試されたことはあったが、うまくいかなかった。ギゾー氏は、自身の経験に照らして、この制度は実効性がないと教えてくれている。国民の代表が集まる大きな議会には、一つの団体としての性格がある。つまり、議会自身の特権や偏見、考えを持っているのである。その一つに、同僚議員こそいちばん信頼できる人間だという考えがある。議員どうしは毎日顔を合わせていて、互いにどんな人物か知っているし、知性の程度も計り知ることができるからである。議員たちは、外部からやってきて発言する役人にはなじめないだろう。役人は、議員たちにとって部外者でしかない。それで、役人は、疑いの目に囲まれて発言することになる。そのため、発言していても威厳を欠いた話し方になる。役人は、いけにえのような調子で話す場合も非常に多いだろう。議員たちから次々放たれる質問すべてが、役人に向けられるだろう。役人は取り調べの対象になる。様々な尋問に答えなければならなくなる。あれこれと質問されて、細々としたことで詰問される。役人の発言の趣旨全体は、どうでもいいこととして切り捨てられ、山ほどある議論の中で埋もれてしまう。

さらに言うと、こういう人物が、非常に優れた演説能力をそなえて発言することはほとんどない。事務官は書記として話をする。彼の身には、役所の静けさが染みついている。官僚の形式主義や事なかれ主義、部下の示す恭《うやうや》しい態度に慣れきっている。こんな人物が、公的な集会の大騒ぎに耐えられるわけがないだろう。事務官は我を失って、言ってはならないことを言ってしまうだろう。彼は、熱くなり顔を真っ赤にして、まるで犯人扱いされていると感じることになる。恭しい態度の部下のおもねりに慣れきっているので、大騒ぎの議会に困惑して、自分への罵詈雑言に困り果ててしまうだろう。庶民院が役人に好意を持たないのと同じく、彼が議会を忌み嫌うのも当然の話である。役人は、敵意に満ちた聴衆に向けて演説する無能な弁士となってしまうのである。

さらにまた、外部の行政官が議会で演説を行って、議会を動かすことができるのは、優れた演説にかぎられている。行政官には、自分の演説を支持してくれる票がない。彼は必ず、野党所属の活発な敵たちとの延々と続く戦いに引きずり込まれる。重要な物事や新しい物事に関して役所を改革する自然なやり方は、外部からの提言である。それ以上に役所にとってやっかいな敵は、まことしやかに失策と言われそうなものである。それは、明々白々の事実で示され、しかも目にはあまりよく見えない事実でしか反駁できないようなものである。この失策をめぐって、優れた改善案も愚かな案も出てくるが、まずは新聞紙上で論じられ、その後に議会で論じられることになる。役人は、様々な主張に対して、弁論だけで立ち向かわなければならないだろう。首相は、行政府の長ではあるが、議会に権力基盤を持っているので、この役人のことなど気にかけない。首相は、露骨な言葉遣いで独り言を言う。「この役人「連中」、自分たちがやったことの後始末は自分たちでつけてもらわないといけないね。こんなのに関わっている場合ではないのだよ。多数派と言ったってたった九議席多いだけだ。それだってとても危うい。俺が任命したわけでもない連中が原因で敵を作るなんて、そんな余裕はないんだ。やつらが俺に何かしてくれたわけではない。俺だって何もできんよ」。〔／〕やがて役人が助力を請うために彼のもとにやってくる。首相は、丁寧な言葉遣いで言うだろう。「もし貴殿の部局のこれまでの政策が、公共の利益に適うものであったことを証明して、議会を納得させられるなら、それをいちばん喜ぶのは誰でもない、この私なのです。月曜日に出席する権限が私にあるのかはっきりしませんが、幸運なことに出席が適うなら、最大限の注意を払って貴殿の公式の発言を拝聴します」。こうしてこの役人は、議会の知恵者たちからはばかにされ、議論好きの議員たちからは苦しめられ、議会の改革論者たちからは叩きつぶされることになるのである。

役所に対する議会の絶えることのない専制を防ぐ方法、しかもそれが可能な唯一の方法は、省庁と与党のそれぞれに密接な関係を持っている議員を省庁の長に任命することである。議員でもある大臣が省庁の保護装置となるわけである。この大臣や仲間の閣僚たちは、庶民院や国民側の出しゃばった風変わりな連中と省庁とのあいだに立つことになる。省庁の政策が、上下院どちらかの気まぐれな投票でいつでも変更できるかぎり、一貫した政治運営は保証されない。おそらく、現在採用されている銃や艦船は、十分優れたものというわけではない。しかし、三〇名か四〇名の議員が結束した上で、この銃がよいとかあの銃がよいとか主張して、議会に動議を出し、省を打ち負かして、議員推薦の艦船や銃を採用させたとしよう。銃や艦船はさらに劣悪なものになる。もし四〇名か五〇名の議員が動くことで役立たずの粗悪品に国からの受注が得られるとわかれば、「ブラック銃器社」とか「ダイアモンド船舶会社」とかいった〔怪しい名前の〕企業は、たちまち議会の中に支援者を見つけ出すことになる。〔／〕しかし現時点では、議会の指導者が省庁の長の地位に就くことで、こうした事態を招かずにすんでいる。野党が攻撃を始めるとすぐ、大臣は防御策を探る。問題を研究して議論を練り、何かの役に立つと考えて、何枚かの統計資料を机の上に準備する。大臣自身の評価が懸かっているのである。だから、大臣は自分が現職に適任であることを証明して、今後のさらなる出世のための道を切り拓こうとする。この大臣は議会によく知られた人物であって、たぶん議会から好かれてもいる。ともかく、議会はこの大臣に注目している。大臣は議会でよく演説する政治家のひとりで、議員たちも傾聴し、一目置く人物でもある。大臣も、必ずや議会が話を聞いてくれて、省の弁護を最善の形で行えるだろうと思っている。彼は演説を終えると、大蔵大臣のもとへゆっくりと歩いて行って小声で話しかける。「彼らが、火曜に私に反対する動議を出すつもりだということはご存じでしょう。そこで、あなたの傘下の議員たちをよこしてくださるとありがたい。連中の多くは、それぞれに勝手な意見を持っていて、少しも意見が合わないんですが、省に反対するという点では一致しているのです。尋問を行うという点では誰もが賛成に回るでしょう」。これに対し、大蔵大臣はこう答える。「火曜日だって?(書類を見ながら)いや、火曜日には動議は出ないでしょう。この日はヒギンズが教育問題を取り上げます。彼は、長い間よくやってますからね。まあともあれ、万事うまくやりますよ」。こうやって大臣は、一人ひとりお願いして回っていく。こうして、省に対する反対動議が出されるときには、落ち着き払った大物議員たちが大臣席の後ろに勢揃いしている。そればかりか、大臣席から離れた平議員席[11]に座る無所属議員も、省を支持するために立ち上がる。その結果、省は三三票差で勝つことになる。こうして、省はこれまで通りの運営を着実に進めていくのである。

以上の〔議会が選出した大臣がいる場合といない場合の〕対照的な描写は、単なる空想ではない。これまでも、各省庁が、外部の権威の助けを借りずに自分の権威だけで行動しようと試みてきたが、いつも失敗に終わった。そういう試みを省庁ができなくなってしまうまで、議会がずっと妨害し続けるのである。そのいちばん顕著な事例が、救貧法の場合である。救貧法は現在でも、あまり適切には運用されていない。しかし、それでもこの法律に少しでも長所があるとするなら、それはすべて、政府と政党両方の立場を庶民院で擁護する政治家のおかげであると言っても過言ではない。この工夫が伴わなかったら、旧救貧法の失敗を繰り返すことになっただけでなく、現在の大都市に見られるような、劣悪で無力なありさまに陥っただろう。運営の仕事すべてが、地方に丸投げされることになっただろう。議会は、中央の救貧法委員会が無力化するまで妨害し、地方当局の専制的なやりたい放題になっただろう。新救貧法の最初期の運営は、サマセット・ハウスの三人の王と呼ばれた「救貧法委員」(12)が行った。運営を任せられないような人々によってこの制度が試行されたのでないことは、たしかである。この制度が危機に瀕したとき、イギリスでいちばん活動的で最高の行政手腕を持っているチャドウィック氏(13)が、委員のひとりとして制度運営の原動力となった。委員の責任者は、おそらく当代最高の行政官であるサー・ジョージ・ルイス(14)だった。しかし、庶民院は、救貧法委員会だけに任せておかなかったのである。ウィッグは、自分たちがこの委員会を作ったのだから、党としてこれを守る義務があると考えていた。それで、長い間、ウィッグが委員会を保護してきた。この新救貧法を始めたのは、一つの思想的な推進力だったため、この力が使い尽くされるまでは、不安定ながらも異常なほどの熱意によって維持された。〔ノ〕

しかし、その後、救貧法委員たちの本質的な弱点が表面化することとなった。各地方を代表する議員はいたものの、救貧法委員会それ自体を代表する議員がいなかった。各地方独自の利益や腐敗勢力の代表者は存在したが、委員会の代表者がいなかったのである。田舎の保護委員会なら、救貧税から賃金の増額を行っただろうが、都市の保護委員会は、中央による統制を嫌い、また税金を使うことも嫌った。こうして、委員会は解散しなければならなくなり、議会から一名の大臣が選ばれ〔救貧法庁が設けられ〕ることになった。その成果は完全なものではないが、旧制度下だったなら起きてきたような問題から考えれば、目を見張るような改善があった。新救貧法制度がうまく機能しなかった理由は、中央の権限が弱すぎたことにある。しかし、それ以前の制度でも、中央政府が権限を得ることはなかったのだから、その旧制度が現在まで残っていたとしても、やはり状況は変わらなかっただろう。もし、サー・ジョージ・ルイスとチャドウィック氏が議会に屈して当局の自立を維持できなかったということであれば、知力や活動力が彼ら以下の人々が、この部局を維持することなど到底無理だったのである！

以上のような考察が示しているのは、議員を兼務する大臣が変わること、つまり、内閣の交代という形で大臣が変わることは、適切な議会政治にとって必要不可欠だということである。そして幸いにも、自然の摂理によって、そうした優れた大臣が出てくるようになっている。政党組織が、これを保証しているのである。アメリカでは、大統領選が決まった期間で繰り返され、また小規模の選挙が年中行われているので、政党がどの国よりもずっと有効に組織されている。政党が各行政機関に対して持っている影響力は絶大である。大統領が変わるたびに、少なくとも、それまでとは別の政党から大統領が選出されるたびに、役人が一新される。イギリスのように主要な役職だけでなく、あまり重要ではない役職の人員も入れ替わるのである。連邦政府の財政規模はいまや膨れ上がっているので、少なくとも財政部門では、業務の効率上から、将来的には事務官を交代させせなくなるはずである。なぜなら、重職でない役人まで交代させるような制度では、英貨にして九〇〇〇万ポンドにも及ぶ歳入を集めたり使ったりする仕事は行えないからである。〔2〕

現在までアメリカは、イギリスのように官僚のトップを交代させるだけでなく、官僚制の安定なしに進めてきた。それどころか、安定した官僚制をまったくなしですまそうとしてきた。アメリカ人は、官僚組織なしでもやっていける能力を持っている。これは、他の国のどの国民にもない能力である。アメリカ人なら誰もが組織を運営できる。実際に、法律や財政、あるいは軍務管理に適した人材が次々と現れてくることには、驚くばかりである。アメリカ人は、官職の総入れ替えをヨーロッパ諸国の人々のように恐れる必要はない。というのも、アメリカでは、後継人材をうまく確保できるからである。また、イギリス人とは違って、官職を去った後に将来的な望みを絶たれたり、過去が報われなかったりして、人生の半ばで困窮したまま放り出されるのを心配しなくてもよい。なぜならアメリカでは（その原因はさておき）チャンスはいくらでもあって、イギリスで「レールから外れて」人生が台なしになった人も、渡米すればすぐさま新しい道を見つけることができるほどだからである。今後、アメリカではおそらく、行政官の総入れ替えという、これまでの制度がある程度修正されることになるだろう。しかし、自由な統治のあり方として唯一〔イギリスと〕競い合っているアメリカ大統領制が存続していることで、私たちは議院内閣制が行う穏やかな人事交代を心がけ、そうした交代方法の長所を感じることができるはずである。

以上の議論は、ほとんどすべての人にとって決定的なものだと私は思う。しかし、この期に及んでも、次のように返答してくる人は多いだろう。「君が証明しているのは、つまり、定期的な交代というこのしくみが議会政治に必然的な要素だという点だが、私たちは、これを否定しているわけではない。私たちは、こういう交代が望ましくないということを主張しているのだが、これについては、君はまだ反証していない。議会政治がもたらすいろいろな結果の一つとして、定期的な交代がありうるということを私たちは問題にしているのではない。私たちが主張しているのは、もっぱら、それは欠陥だということなのである」。これに対して、私は次のように答えればよいと考えている。こういう規則的な交代だけが、完璧な行政がずっと続くための必要条件だとまでは言えないだろう。しかし、何らかの似たような交代、同類の交代は必要条件だとは言える。

現在、イギリスでは、一種の官僚制びいきが少なくとも著述家や弁論家のあいだで広がっている。官僚制かぶれにとりつかれている。イギリス人は、自分の中に根を下ろしている考えを簡単に変えたりしない。しかし、根の張っていない考えも数多く持っている。ヨーロッパで大事件が起こると、しばらくのあいだ、イギリス人にはあれこれ変革したいというずきのようなものが生じる。特に官僚的な国民だと信じられているプロイセンの勝利に刺激されて、今まさに、ある種の官僚制賛美が広まっている(15)。これは数年前には考えられなかった事態である。私は、自分自身の知見からプロイセンの官僚制を批判するつもりはない。たしかに、この制度は、たまたまプロイセンを訪れた外国人にとって愉快なものではない。とはいえ、旅行者が愉快に思うかどうかは、大して重要なことではない。プロイセンの官僚制は、外国から遠目で見れば、しばらくのあいだは多少賞賛することができるだろうが、プロイセン国内の第一級の知識人や自由主義者にとって、末永く歓迎できるものでないことは、かなりはっきりしている。[16] イギリスの著述家の中で、もっとも緻密で理論的な見方のできるグラント・ダフ氏が述べているように、進歩党[17]の主要な目的には、次の二つがある。

第一の目的は、「自由主義的な制度の構築。頑固で偏狭な役人集団が、秘密の勢力に頼りながら政府による自由主義的な制度の導入に抵抗しているが、現在頻繁に生じている不祥事を回避するために、行政組織の細部に至るまで自由主義的な制度を徹底させるべきである」。

次に第二の目的は、「罪を犯した役人を裁判にかける簡素な方法の確立。現在、こうした役人は、フランスと同じく一般市民と全面的に対立しているが、これは完全に武装した人間が丸腰の人間と戦うに等しい」。このように現地のもっとも見識のある自由主義者たち〔進歩党の指導者たち〕が、官僚制に反対する明確な理由を掲げて徹底的な批判を行っている。そうした制度を外国が模範とするのは危険である。

実際、官僚制の欠点はよく知られている。この統治形態は、世界各地でこれまでも繰り返し採用されてきた。だから、人間本性が今後も変わらないなら、官僚制が持つ欠点も変わらないと証明するのは簡単である。

官僚が結果よりも日々の業務を重視すること、つまり、バークが言ったように、「仕事内容の実質よりも、その形式の方がずっと重要だと考える」(18)ことは避けられない欠点である。官僚が受けてきた教育のすべてと生活習慣の全体とが、彼らをそうするようにさせている。彼らは若い頃に行政組織の特定部署に配属され、そこで何年ものあいだ業務形式の習得に専念する。それが終わると、また何年間も、習得した形式を細々とした事務業務に当てはめることに費やす。ある年季の入った著述家の言葉を借りれば、官僚は「業務の仕立屋にすぎない。生地の裁断はやるが、着る人の体を見ているわけではない」。当然、こういう訓練を受けた人々は、業務の形式を手段ではなく目的だと考えるようになる。彼らは、この精巧な機構の一部となっていて、機構を自分自身の威厳のよりどころにしている。だから、間違いなく彼らは、この機構を、動かして変えられるものではなく、壮大な完成品だと考えるようになる。しかし、種々雑多なものが入り交じった世界では、今日の悪が明くる日には別のものになる。昨日いちばん役に立った手段が、明くる日にはいちばんの障害になることもとても多い。次の日には別のことをやってみたいと思うようになることもあるだろう。そうなると、昨日の仕事のために積み上げたやり方はすべて、新しい仕事の邪魔にしかならなくなる。〔／〕

プロイセンの軍事制度は、現在、衆目の驚異の的になっている。しかし、そのプロイセンの軍事制度こそが、形式主義はだめだという教訓を、この六〇年間示し続けてきたのである。「フリードリヒ大王(19)はイエナの戦い(20)で敗れた」という警句は、どんな人でも聞いたことがあるだろう。大王が創設した軍事制度は、その当時は王の目的や時代に適った優れた制度だった。ところが、時代が変わって新しい敵と戦う必要に迫られたときも、そのことに目を向けないままこの制度に執着したため、プロイセンは敗北することになったのである。「生命なき形式主義」に陥ったプロイセンの制度は、当時、「生気あふれる」フランスの制度――これは新たに勃興した民主制が手に入れた思いがけない収穫物だった――と対照的だった(21)。プロイセンの今の軍事制度は、この敗戦から学んで生まれたものである。先人たちのこの歴史が、未来の人間に同じ轍を踏まないよう警告を発してくれている。今日のプロイセンの制度は、フリードリヒ大王の時代ほどの賞賛を受けていない。官僚制は、突然の成功で得意になって、自分自身でその長所に驚いているほどであるが、その本質が教えているのは、統治機構の中でもいちばん改革が難しく、いちばん浅はかなものだということである。

このように、官僚制は質の面で統治を劣化させる傾向があるが、それだけではない。量の面で、過干渉の政治に陥りがちである。修練を積んだ役人は、がさつで教養のない国民を嫌っている。役人の考えからすると、国民は愚かで無知で分別を欠いた連中であり、自分自身の利益がわからないので、行動する前に役所のお墨付きが欠かせない連中である。保護こそが、どの役所にも見られる信条の大本である。自由貿易などは、役所にとって異質の思想であって、役人が一生かけてもほとんど理解できない思想である。だから、自由で活動的な生活に慣れた教養あふれる批評家が、役人を次のように描いた理由を理解するのは、難しいことではない。

レイン氏[22]は次のように述べている。

想像可能な実社会の利益にはいろいろある。宗教、教育、法律や警察、私的事業と公的事業の全部門、同一管轄区内にある教区間も含んだ移動の自由、大小を問わず商工業のあらゆる分野に従事する自由、要するに、文明社会で身体、知性、資本を用いてめざすことのできるものということになるが、これらはすべて、役人たちの雇用と生計維持のために、徐々に役人たちに掌握され、役所に集約されて、監督、認可、査察、報告、介入が行われるようになった。こうした役人集団は、全国各地に配属され、彼らの生活は公費でまかなわれている。しかし、彼らの職務は、有用性があるとは思われないものである。とはいえ、こういう役人たちは、仕事もしないで報酬だけを受け取っている大方のジェントルマンとは違う。彼らは、軍隊の規律とほとんど同じような規律に服している。たとえばバイエルン[23]では、上級の官吏は下級の官吏を職務怠慢やその他職務規律違反を理由に軟禁することができる。またヴュルテンベルク[24]では、役人は上司の許可なく結婚できない。ヴォルテール[25]はどこかで、「統治の技術とは、国民の三分の一の人々のために、三分の二の人々から可能なかぎり金を出させることだ」と述べている。ドイツでは、これが官僚制を通じて実現している。役人は国民の利益のために存在しているのではなく、国民が役人の利益のために存在しているのである。ドイツの官僚機構全体は、どの地域でも職位が細々と定められ、職務も細分化されている。そして、採用や任命、昇進をめざす事務官や就職志望者であふれかえっている。こうした機構が、大陸の新たな社会状態の中で、君主の新たな支えとなるために整えられたのである。この第三の階級は、公的な事柄と私的な事柄のすべてに干渉する多様な公的業務を行うことで国民と関わってはいるものの、その利害は、君主と密着している。ベアムテンシュタントと呼ばれる役人階級は、貴族やジェントリ、資本家や、小農よりもずっと規模の大きい大土地所有者と同格に位置づけられていて、役人一人ひとりの社会的な重みや影響力の不足を数で補っていた。フランスでは、ルイ・フィリップを王位から追放したときに、文官の数は八〇万七〇三〇名に及んでいたと言われている。この文官の大部隊は、軍人の数の二倍以上だった。人口に比例して、ドイツの文官階級の数がフランスよりも多くなるのは当然である。なぜなら、国土防衛軍制度[26]は、徴兵制度以上に国民の自由な行動にずっと大きな制約を課して、これを管理するために多くの官吏が必要となるからである。またこの制度は、半封建的な司法制度や法体系を持っているため、ナポレオン法典に比べてはるかに多くの文書や複雑な裁判手続きが必要となるからである。

官僚機構は、国民の活力を自由に発揮させることではなく、むしろ、役所の権限や業務範囲を拡大させ、役人の数を増大させることが職責だと、間違いなく考えるようになる。こうして、統治の質を損なうだけでなく、量的に過剰な統治を行うのである。

熟練の官僚統治、すなわち、若い頃から特殊な職務の訓練を受けた官僚たちが行う統治は、科学的であることを誇っているが、実は、実業の技術における真の原則に完全に矛盾している。実業の技術が定石のような形にまとめられたことはないが、これまでも数多くの重要な試みがなされていて、その知識は社会の中に広く拡散している。もっともたしかな原則の一つを示そう。成功を左右するのは、専門的知識と非専門的知識の適切な調合である。つまり、手段に注目する知性と目的に注目する知性との調合である。ロンドンの大株式銀行の成功は、近年の実業の世界でもっとも顕著な成果であるが(27)、これは、この調合をうまく行った例である。こういう銀行の場合、運営を行う理事会のメンバーの大半は、業務の訓練を受けたことのない人々である。こうした人々の補佐役として、専門的な訓練を受けた一群の職員がいる。彼らは、人生全体を通じて銀行業務をたたき込まれてきた。このような混成方式の銀行が、生え抜きの銀行家だけが働く旧式の銀行をすっかり打ち負かした。理事会は、より豊富で柔軟な知見を持っていた。商業の世界の入用について、より深い洞察があり、貸し出しはいつ行うべきで、いつ行うべきでないかを、旧来の銀行家よりもよく理解している。旧来の銀行家は、銀行の窓口を

通して見る以外に、世間を見たことがまったくなかった。〔／〕

ヨーロッパでもっとも成功した鉄道会社も、まったく同じだった。これを経営したのは、鉄道の技術者や運行管理者ではなく、事業経営者だった。他でもない、一定の実業に関する教養を身につけた者だった。こうした事業経営者たちは、熟練の管理運営者を雇って働かせる。専門知識のない事務弁護士が熟練の法廷弁護士を雇うのと同じである(28)。この方が、部下の専門職員の誰よりも、ずっと優れた経営を行うことができる。彼ら事業経営者は、様々な専門知識を結び合わせる。一つの専門領域がどこで終わり別の専門領域がどこで始まるのかを明確にした上で、もっと大きな世界に関する幅広い知見を付け加える。こうした知見は、専門領域の担当者が持てるものではなく、多岐にわたる活動をしたことでようやく得られるものである。〔／〕

しかし、全体を見渡して様々な領域で活動する指導者の知性が効果的に発揮されるかされないかは、この指導者の地位に全面的に左右される。この人物を、底辺は言うに及ばず、中間にすら置くべきではない。頂点に置かなければならない。商社の事務職員を銀行の窓口に置いても、子どもの使いにしかならないだろう。しかし、その商社の経営者なら、銀行の理事会でも適切で明瞭で有用な助言を行う可能性は非常に高い。また、商社の事務職員が鉄道会社の事務をやれば、同じように途方に暮れることになるだろう。しかし、その商社の経営者なら、鉄道会社の取締役会で、適切な助言を行う可能性は非常に高い。様々な事業体の頂上(そう呼んでもよければ)は、山々の頂上に似ている。各業界の末端が山の麓に似ているというのとは比べものにならないほど似ている。基本原理そのものが、ほとんど同じなのである。豊かな多様性に富んでいるのは、各事業の下層だけである。しかし、それぞれの頂上が実際に同じだということを知るには、それらをめぐり歩く必要がある。一つの山の中だけで暮らしてきた人々は、自分の山は、他のどの山ともまったく違うものだと信じ込んでいる。

　この原則が議会政治にも有効であることは、実にわかりやすい話である。ある省庁の長官に、その省の出身者ではない外部の人間を据えることは、害悪になるどころかむしろ、その省庁の業務遂行に不可欠のことなのである。省庁を放置しておくと、杓子定規になり、自分の仕事ばかり気にするようになり、自分のなわばりの拡大に励むようになる。手段がめざす目的を見落とすことに、どうしてもなりがちである。知性の狭さのために失敗してしまう。また、仕事をしているように見せかけることには熱心だが、本当の仕事はさぼることになる。省外出身の大臣は、こうした誤りを正すのに適任である。

外部出身の大臣であれば、事務の形式に精通し自分自身の記憶を武器に横柄な態度をとる事務次官に向かって、次のように言える。「この規則がその目的にどんなふうに役立つのか説明していただけないだろうか。道理からすれば、請願者は請願内容を一通の書類にして一人の事務官に渡せばよい。しかし、あなたは担当者に五通の書類を五人の事務官に提出するように言わせている」。あるいは次のように言うこともできるだろう。「この形式に従う理由が今はもうないのではないだろうか。木造船の時代なら、こうした火災予防の必要はたしかにあった。しかし、今の船は鋼鉄製なのだよ」等々。部下の事務官が同じ質問をしたなら、「くだらんことを！」とはねのけられるはずである。返答をさせることができるのは、省庁の大臣だけである。省外出身の大臣なら、そしてその人物のみが常識の集光レンズで役所の紙くずを焼き払うことができる。

こういう新鮮な知性は、事業のあり方がめまぐるしく変化するイギリスでは、計り知れない重要性を持っている。死んだように活気のない農業国の場合には、不動の官僚制による統治がいつまでも続くかもしれない。それでも弊害は一つも生じない。ひとりの賢者がはじめに官僚機構をしっかりと整備すれば、官僚機構は長期間にわたって正しく機能するだろう。しかし、進歩を続けていて活力にあふれ、変化に富んだ国の場合には、官僚機構はただちに発展を妨害するか、あるいは自滅することになるだろう。

議員を省庁の長にすることの意義をこのように考えることで、大臣を担当省庁の代表と見なす安易な考え方が実に大きな誤りであることがはっきりする。故サー・ジョージ・ルイスは、好んでこの点を説明したものだった。彼には全容を知る手立てがあった。彼は常勤の行政官として育成され、大蔵大臣として、また内務大臣として大きな成功を遂げた。そして、陸軍大臣のときに他界した。彼はよくこう言ったものである。「担当する省庁を動かすことが大臣の職務なのではない。大臣の仕事は、省がきちんと仕事をしているかを見守ることだ。余計な手出しをしても、きっと省の邪魔にしかならない。大臣が自分でもできると考えつくことなど、官僚ならもっとうまくやれるものだ。やれないなら、お役御免にすればよい。大臣は渡り鳥にすぎない。一つの役所に人生をかける官僚たちと競い合うことはできないのだ」。大臣の職務が鋭い批評と合理的な修正の力にあるとすれば、サー・ジョージ・ルイスは、議員も兼ねる大臣として完璧だった。

ところが、〔総合的に見れば〕サー・ジョージ・ルイスは完璧な大臣ではなかった。別の観点から評価すれば、平均的な大臣のレベルにすら達していなかった。役人の精神に知性の新しい空気を送り込むことが持っている効果は、誤りを正すことだけではない。

活気づけることもまた重要な効果である。官庁は、重大事態が起きると、その事態が過ぎ去ってしまうまで、何をする必要があるのかわからないままでいることが多い。世間一般のおおまかな知性の方が、規則に縛られて業務を行っている行政機関に先んじて、何らかの兆候を察知するものである。ニューカッスル公[29]は、クリミア戦争のときに、少なくともこの役割を果たした。公は、所管の省を叱咤激励した。ただし、省は目覚めたものの、結局は動けなかった。議員を兼任する大臣で完璧なのは、サー・ジョージ・ルイスに見られるような、経験に裏づけられた感覚や、欠点を見抜く本能、および自由放任主義《レッセ・フェール》的な気質〔細かい点は口出しせずに任せる気質〕に加えて、ニューカッスル公が持っていたような活気づける能力もそなえている人物なのである。

このように、議員を兼任する大臣の職務について正しく評価するなら、大臣を頻繁に交代させるしくみは、長所であって欠点ではないということが、はっきりと理解されるだろう。大臣の役割が、外の世界の代表者として、省庁内部の世界と接触する中で、外部の感覚と活力を省庁にもたらすことであるなら、大臣の交代は頻繁に行うべきである。なぜなら、ひとりの人間で外部の感覚を完全に代表することはできないからである。フランスには、「タレーラン[30]以上に、またナポレオン以上に優れた者がいる。それは世間である」という要を得た名言がある。この多面的な感覚をすべて凝縮して持っているような個人は、誰ひとりとしていない。ましてや、議員から大臣になった人が、批判の役割と活力を与える役割の両方を完璧にこなすことなどありそうもない。つまり、推進力と抑制的知性とは正反対のものであって、ひとりの人物のうちに両方がそろっていることはめったにない。加えて、たとえ大臣が就任したときに完璧な外部の感覚を持っていたとしても、担当省庁と長く接触していると、その感覚もさびついてしまう。というのも、大臣が省のやり方を受け入れてその考え方を身につけてしまい、省と命運を共にするようになるのは、避けられないからである。「紺屋の手は、染料に染まってしまうもの[31]」なのである。大臣の役割がアウトサイダーであることなのだとすれば、習慣や思考や生活が担当省庁の流儀に慣れ親しんでいるような人物を大臣に選んではならない。

議会政治家は、高い知性、多様な知識、豊富な経験を十分に持っているから、官僚の感覚とは正反対の幅広い感覚を効果的に代表することができるだろう。そう期待する十分な根拠がある。主要官庁を担当する閣僚のほとんどは、優れた能力をそなえている。ある政治家から聞いた話では、そうでない人物は、自分が活躍していたときには、ひとりしかいなかったとのことである。こう語ってくれたのは、長年の経験のある卓越した政治家で、今も存命の人物である。〔議会政治には〕こういう能力を確保しておくのに最適なしくみが存在している。重要な省をあずかる閣僚は、社会に向けて省を擁護しなければならない。冷淡な観察者や辛辣な批評家たちは過小評価するかもしれないが、これは非常に難しい任務である。公的な場で重大問題に関する説明を行って、深く探りを入れるような質問に答え、有能で頭が切れる論敵に反論しなければならない人物が愚か者であるなら、その愚かさがたちまち露わになるにちがいない。議会政治の本来の性質〔討論をすること〕が、無能の正体をあぶり出すのである。

ともかく、議院内閣制は、日常の形式的業務を適宜修正しながら、同時にこれを継続させる優れた非専門家を大臣として効果的に調達するしくみを整えていて、この点で肩を並べる統治形態は他にない。現在の世界では、重要な統治形態として存在しているのは四つだけである。つまり、議院内閣制、大統領制、世襲君主制、独裁政府あるいは革命政府である。〔／〕

これらのうち、現在のアメリカでそうなっているように、大統領制が熟練の官僚機構と両立しないことは、すでに示した通りである。政権政党が入れ替わるたびに役人集団の総入れ替えが行われるようでは、優れた官僚制は形成されない。たとえアメリカで現在よりも多くの役人が終身職に変わったとしても、それでもなお膨大な数の役人の交代が行われることになるだろう。官僚の人事のすべては、一度かぎりの選挙、つまり大統領選挙の結果次第である。大統領選という喰うか喰われるかの闘争によって、すべての人事の勝敗が決まってしまう。選挙活動を取り仕切る人物は、パトロネージと言っておこうか、要するに官職を餌にする買収だが、そういういちばん効果的な手段を持っている。大統領は思うままに官職を与えることができるということは、実際のところ、誰もが知っている。だから、支持者たちは、ＡＢに次のように告げる。「我が陣営が勝利すれば、ＣＤがユーティカ郵便局から追い出されて、ＡＢさん、あなたがこの職に就けるでしょう」。ＡＢはこれを信じることになるし、そうなって当然である。ところが、イギリス議会の場合、どの議員も官職をしっかりと確約できない。その議員が官職を提供できる力を持たない場合がある。所属政党が政権を取ったとしても、この所属議員は無力のままということがあるだろう。合衆国では、〔大統領選という〕一回だけの選挙に圧倒的な重要性を与えているために、政党活動の過熱ぶりは、いっそう悪化している。また、選挙の勝者は、よいと思う地位を気に入った人間に与えることができるので、買収の手段として官職を約束することが持つ効果が高まっている。

役人の選任に関する大統領制の欠陥はこれだけではない。大統領制は、議院内閣制とは大きく異なる点を持っていて、しかもそれを是正する方法がない。大統領は、政権政党が入れ替わるたびに、(イギリスと同じく)主な支援者たちに重要な役職を配分する。しかし、大統領は個人的なえこひいきで役職を与えることもできる。この場合、長官になった人物は役所の中に身を潜める。公の場では何もしなくてよい。自分が愚者か賢者かを、何年ものあいだ、明らかにせずにすむのである。イギリス国民は、議会という公開試験のおかげで、議員がどんな人物なのかを知ることができる。しかし、大統領制の場合、長官に実際に会える人や特別な地位にある人を除くと、長官がどんな人物なのか、誰もわからない。

世襲制の統治形態の大臣の場合は、さらによくないことが起こる。世襲君主が気弱ということもあるかもしれない。女性に操られているかもしれない。子供じみた動機から大臣を任命することもあるだろう。また、ばかばかしい思いつきで大臣を解任することもありうる。世襲君主が有能な首相を選出する能力を持つ保証はない。何千もの君主たちが、何百万もの役に立たない大臣を選んできたのである。

独裁制、あるいは革命政府として分類されるのは、私に言わせると、絶対的な権力を持つ主権者が、暴動を通じて選び出される統治形態である。これも非常に重要な統治形態である。理論的には、こうした野蛮な選出方法は、現代においてそれほど重要なものではなくなったと考えたくもなるだろう。ところが実際には、きっと、大陸の二大国民のうち最大規模の国民(ビスマルク(32)の偉業が達成された後には、〔フランス人という〕大陸でちの一つということになる)は、革命政府と議院内閣制とのあいだを行ったり来たりしていて、今現在は、革命政府形態の下で統治されている。(33)〔／〕

フランスでは、支配者はパリの街頭で選ばれる。民主的帝政は世襲制になるだろうとおだてる者もいるかもしれない。しかし、注意深く観察してみれば、誰が見ても、それはありえないことがわかる。民主的帝政という考えは、皇帝が、能力と判断と本能において国民を代表するというものである。しかし、そうしたことを全部、あるいは半分でもやってのける知力を持った人物を、何世代にもわたって輩出できる家系は存在しない。国民代表の性格を持つ専制的支配者は、ナポレオン一世やナポレオン三世のように闘争によって選ばれる。そうした統治形態は、他に欠点はあっても、行政における質や能力という点で、他のどんな統治形態よりもはるかに期待できる。この統治形態のトップにいるのは、最高の能力を持った人物にちがいない。そうでないなら、この指導者は、自分自身の地位どころか、自分の生命を守ることもほぼ無理である。この指導者は積極的に行動する。もし行動を怠れば、自らの権力や、おそらく命さえも失いかねないことを知っているからである。〔/〕

この指導者の下の国家の枠組み全体が、革命を抑え込もうとして張りつめている。民主的帝政は、あらゆる政治問題のうち、いちばん難しい問題を解決しなければならない。国民を完全に抑え込みながら同時に完全に満足させなければならないのである。だから、政府は、中世の鎖かたびらのように、とびきり硬くて、しかも、とびきり柔軟でなければならない。政府は、目新しく人目を引きそうな案には、害にならないかぎり譲歩しなければならない一方で、危険な提案には抵抗しなければならない。古いものでも、有益で時代に合ったものは残しつつ、改善を妨げたり苦痛を与えるようなものは取り除かなければならない。独裁者は、たとえそうしたくても、役に立たないような大臣をわざわざ任命したりしない。このような専制的支配者は、行政担当者を任命するのに議会以上に適任だし、新鮮な知性と熟練の知性とをどのように織り交ぜるべきかがよくわかっていることは私も認める。新旧の知性を結び合わせる強い動機に支配されているのである。このように、独裁者には優れた長官を選ぶ切迫した動機がある。だから、人選を行う人

物すべての中で、いちばん鋭敏な動機を持つ人物を、専制的支配者に見いだすことができるのである。〔ノ〕

しかし、イギリスではわざわざ示すまでもないことだが、支配者を革命によって選び、それで行政の能率性を高めることには、その価値を完全に上回る犠牲が伴う。破局的事態が発生するため、革命は信用というものをぼろぼろにする。過渡期のあいだは、財産や生命が保護されない状態となる。繁栄しているすべてのところで、恐怖の下草が養われている。本当に有能な専制君主が見つかるまでには、何年もかかるだろう。それまでのあいだの無能な専制君主の支配は、ありとあらゆる害悪をもたらす。まともな専制君主が見つかっても、すぐに死んでしまうこともある。まっとうな行政もそれ以外の物事も、その支配者が生きているあいだだけの話である。

しかし、この恐るべき革命政府を除くとして、議院内閣制が、理論上、行政能率の面で他の統治形態を上回るのであれば、イギリスの政治が、他の議院内閣制の国々と比べて圧倒的に優れているのに、なぜその行政能率について世界に知られていないのか。その他多くの点では有名なのに、なぜこの点ではそうでないのか。むしろ一般の理解では、イギリスの行政が非能率的なものと特徴づけられているのはなぜか。

こうした印象が広まっている大きな理由は、イギリスの政治が手を広げすぎていることにある。イギリスの軍制は、もっとも非難されているものである。批判者たちによれば、陸軍は強大な軍事力を持つ他の君主国以上に多くの予算を使っているにもかかわらず、その成果は貧弱である。しかし、そうは言っても、イギリスが今試みていることは計り知れないほど困難な取り組みなのである。大陸の君主国の場合は、強制的に徴兵された多くの兵士たちによって、ヨーロッパ内の小さな領土を防衛するだけでよい。イギリスの場合は、強制ではなくもっぱら説得で軍役に就かせた兵士だけで防衛しようとしている。防衛の対象地域は、規模の点でヨーロッパ全体よりもはるかに広く、地球上の居住可能なあらゆる地域に及んでいる。〔/〕

イギリスの陸軍参謀本部と陸軍省は、完全とはおよそ言い難いものだろう。私もそう思っている。しかし、仮に法の強制力で兵士を選抜して十分な数をそろえたとしてみよう。プロイセンの場合のように、各人を数年のあいだは絶対的な支配下に置いて、退役後も軍が望んだときに召集できる権限が与えられたとしてみよう。そうなれば、イギリスの軍隊は思いがけないほど容易かつ迅速に事態に対処することに、私たちが驚くことになるだろう。イギリスがやっとの思いで成し遂げていること〔広大な領域の防衛〕を、大陸の熟練の軍人に依頼したとしたら、どの軍人も断るだろうと、私は確信している。防衛の対象は、こうした軍人が引き受ける気になれないものなのである。広大な帝国領が各地に散在し、多くの島々があり、世界中のどの大陸でも長い国境線を抱えている。中心地には、略奪を大いにそそるような場所もある。こうしたところを、集まってきた志願兵だけで防衛しようというのである。しかも、この志願兵は、大半が国民の中で最悪の連中で、ウェリントン大公が「地上のくず」と呼んだほどである。その数も毎年変わって、いちばん必要なときにかぎって、何かの政治的問題のために十分な数が集まらなかったり、まったく集まらなかったりする。イギリスの陸軍省は、諸外国の陸軍省ならやらないこと(おそらくそれが正しい選択なのだが)をやろうとしている。外国の将校たちが持つ強大な軍事力を持たずに、外国以上の困難な軍務に着手しているのである。

さらに、イギリス海軍の場合も、大陸のどの強国もはるかにしのぐほどの海岸線と属領の防衛を担っている。だから、作戦を展開する範囲の広さが、現時点では、他に類を見ないほどの難題になっている。この難題に対応するには、戦艦や兵器に相当の備えが必要である。しかし他方で、大規模な軍備をずっと続けるべきでない非常に重要な理由がある。陸海両軍の軍事技術は過渡期にある。現時点での最新の発見でも、明日には、それを無意味にするような発見によって時代遅れになり、乗り越えられてしまう。艦船や火器を大量にそろえておいても、いざ使ってみようというときには、その多くが役立たずで現状に合わない時代遅れになってしまう。こうして海軍省には、同時に二つの要求が出される。一方では、「海軍には十分な軍艦がない。「補充用の」船舶もない。本当のことを言えば、海軍そのものがないのだ」と主張される。他方の言い分はこうである。「我が国には、ろくな軍艦やろくな大砲がない。あるのはただ、ろくでもない物ばかりだ。ばかげた造艦熱に浮かされて、海軍は控えるべきときに建艦してきたんだ。ガラクタの発明品を積み上げて、おかしな博物館をこしらえてしまったものだ。役に立つ物なんか一つもありはしない」。これら二つの立場が同時に正反対の政策を主張し続け、同時に政府をこき下ろす。ところが、それぞれの立場は、自分に反対する立場に対抗することで、政府を擁護しているのである。

　さらに、内務省に目を移すと、イギリスでは、諸外国が大昔に克服した問題といまだに格闘している。イギリス人は、独立した「地方政府」、すなわち中央から距離を取った権威の小規模な拠点が大好きである。首都の行政府が行動を強く望んでいるときに、これらの小さな地方政府が躊躇し、考え込み、あるいは反対に回ってしまうこともあり、そうなると、中央の行政機関は効果的に動くことができない。しかし、地方の独立は、議会政治と必然的な関係を持つものではない。それぞれの国にとって望ましい地方の自由の度合いは、多くの環境要因に応じて変わってくる。議院内閣制は、地方の自由のどんな度合いとも両立するだろう。イギリスの救貧法委員会に特有の欠陥について、議院内閣制という広く適用可能な統治形態一般の欠陥としてあげつらうことが連日のように行われているが、そういう見方は、もちろんすべきではないのである。

さらに言うと、イギリスの行政は以上のような特定の難点がある一方で、競争相手である諸外国の行政には、独特の長所がある。外国では、政府の下で働く人間は、それ以外の人々よりも優秀である。在野の人々よりも上位にあって、そうした人々のほとんどがうらやんでいる。おかげで、政府は国民の中から簡単にエリートを選抜できる。聡明な人はみな、政府の下で働きたがっていて、他の仕事ではほとんど満足しない。ところがイギリスでは、公務員にそうした優越性はないし、イギリス人には公務員をうらやむ感情もない。私たちは、郵便局員や物品税収税吏補(34)を尊敬してはいない。でっぷりした食料雑貨商は、そのどちらよりも自分の方がずっと上だと思っている。イギリス政府の場合は、名誉という安上がりの方法を利用して、国内最高の能力を持った人物を下級官吏として雇い入れることはできない。それに、政府にしたところで、そういう能力の人間を大金を払って雇えるほど財力もない。イギリスは商売で儲ける機会に恵まれているので、野心的な人間は、そちらへと惹きつけられる。外国の官僚機構は、国民のうちいちばん有能な人々の中からさらに選り抜かれた人材であふれているが、イギリスの場合は、最優秀の人々の中で、官職に就こうとする人はほんのわずかしかいない。

しかし、議院内閣制の原則に即して支障なく運営されていれば、イギリスの行政は、さほど悪いものではないはずであるのに、そうではない理由は何か。今まで述べてきたことは、その唯一の理由というわけではなく、主要な理由でもない。〔他に〕二つの大きな原因が働いている。その原因は、多くの細々した点に影響が及んでいるが、しかし、基本的な性質は簡潔に示すことができる。第一の原因は、私たちの無知である。どんな政体も、国民が持っている以上のものを活用することはできない。自由な統治とは、本質的に説得による統治である。だから、この統治は、説得の対象である国民と説得を行う政治家とを反映したものになる。国民の極度の無知の影響は、ただちに行政の各部分にはっきり現れる。〔／〕

現在流布している評価によると、イギリス外交は長年のあいだ、一貫性を欠いていて、的外れで、成果に乏しく場当たり的だった。事前に思い描いていた明確な目標を、前もってしっかりと熟考した原則に基いて追求する、ということがない。このあからさまな批判をどこまで受け入れるべきか、あるいは拒否すべきかについて、ここで議論する余地はない。しかし、イギリス国民がこういう有様であるのに、自分たちで決定した外交政策がまともな政策だったとしたら、これはもう奇跡と言うしかない。イギリス人は、他のどの国民よりも、外の世界と切り離されていて、よい面も悪い面もあるだろうが、地理的にも精神的にも島国的な国民ではないか。ヨーロッパ諸国に共通して起こった様々な運動や事件の動向の外側にいるのではないか。イギリス人は、他国民を蔑視するような国民ではなかったか。現代の世界について特別な教育や教養も持っていないし、そうした教養をしばしば見下してきた民族ではなかったか。こんな国民が、諸外国で起こるまったく新しい出来事を理解することなど、誰が期待できるだろうか。だから私は、イギリス議会が外交政策で成果を上げていないことに驚きはしない。むしろ、よくここまでやれたものだと驚いている。イギリス国民の心の奥底にある野蛮でぼやけた想像力が、外交政策でも現れているだけだと思われるのである。

さらに、イギリス国制の考え方自体が、議会制一本槍の国制とは違って、「尊厳的」

部分、つまり、議会政治の運営自体には役立たないが、無教養で粗野な国民の想像力に訴える部分を含んだものになっている。こうした尊厳的な要素はすべて、能率を低下させやすい。これらは、中世の時計に装飾のためだけに取り付けられた仕掛けに似ている。月齢や星座を示していたり、また演劇の舞台さながら、小さな人形や小鳥が出たり入ったりする仕掛けである。こうした装飾はすべて、不具合や誤作動の元になって、正確に時を刻む動きを妨げる。新しい仕掛けが加われば、それが新しい欠陥の原因になる。だから、適切な役割を果たすという理由からではなく、人々の想像力に訴えかけるという効果を期待してひとりの人物に権威を与えるなら、たいていの場合、能率的な行政の支障となるだろう。この人物には、行政の細かな働き以上のことができるかもしれないが、その細部の動きを妨げてしまうのである。イギリスの貴族層は、しばしばこうした役割を演じている。貴族には国民に対する影響力があって、その価値は昔は無限大だったし、今でも非常に大きい。しかし、望ましい行政官を選ぶということになると、貴族の子弟など、誰も選んだりしないだろう。実務の知識の習得、実務の訓練、実務の習慣といった点で、貴族の子弟は特に不利な立場に置かれていて、特に有利な点もない。

イギリスの中流階級もまた、望ましい行政職員の供給源としては、まったく不適当である。イギリスの教育に向けられる批判のすべてに十分な根拠があるかどうかについて、ここで論じることはできない。ある優れた批評家によれば、それは「見かけ倒しで、不十分かつ劣悪である」。しかし、私としては、今の実務家養成の教育の問題点は、そのあるべき姿になっていないところにある、と言っておきたい。最近まで、銀行の事務職員に必要とされるごく単純な技能と習慣でさえも、希少価値があったという有様だった。実業の世界の要職に適した人材を育てるための教育は、今でもめったに行われていない。そのために必要な教育とは何かという点で、きちんとした合意すらないのである。イギリスの実務家教育が、諸外国ぐらいにまで改善されなければ、イギリスでは、外国と同程度の行政官を得られない。*

*この問題がかなりの程度解決されたと言えるのは、喜ばしいことである。この二〇年間の中流階級向けの学校教育の改善には、めざましいものがある。

イギリス国民の無知は、行政機構の劣化の有力な原因だが、しかし、これよりもずっと有力な原因がある。イギリス以上に優れた行政を実施している国は、おそらく二ヵ国〔フランスとドイツ〕しかない。そのどちらにも、イギリスの行政にはないものがある。いずれの行政機構も、ひとりの天才が、あらかじめ熟慮を重ねた上で特別の計画に基づいて整備したものである。ナポレオンは、フランス革命が遺した更地の上に行政機構を構築した。以前は、この構築物は、独創的なものだと評価されてきたが、これは実際には正しくなかった。トクヴィル[35]とラヴェルヌ[36]が明らかにしたように、ナポレオンが行ったのは、以前から潜在的にはあったけれども旧体制の複雑な中世のしくみで覆い隠されていたものを模倣して、それを誰が見てもわかるような構築物として打ち立てた、ということだった。しかし、ここで注目したいのは、ナポレオンの独創性云々ではなく、彼が成し遂げた仕事である。間違いなく言えるのは、ナポレオンが、フランスの行政機構を、実効的で一貫性や持続性をそなえた制度の上に置いたことである。ナポレオン以後の各政府は、彼から継承した機構を運用しただけである。フリードリヒ大王は、一新されたプロイセンの君主制の中で、同じことを行った。フランスとプロイセンの行政機構はともに、文明時代に適した任務を果たすために作られた新しい機構なのである。

これに対して、イギリスの省庁は創設以来、省庁相互の関係を考慮に入れて調整されたことはない。むしろ創設されたのではなく、それぞれが勝手に成長しただけだと言うべきだろう。中世のイギリスでは、行政制度の中で、一種の自由競争が大手をふるっていたわけで、奇妙な話である。王座裁判所、民事高等裁判所、財務裁判所というイギリスの三つの裁判所(37)はそれぞれ、手数料収入のために、当初は限定されていた管轄の範囲を広げ、訴訟の全領域をカバーするようになった。裁判権の拡大こそ名裁判官の証《ボニ・ジュディシス・アンプリアレ・ジュリスディクティオネム》という昔の諺があるが、これをイギリスに当てはめるなら、「自分の裁判所の増収こそ名裁判官の証」となるだろう。名裁判官とは、自分自身の収入や部下の収入を増やす裁判官なのである。裁判所はこのようにして金銭を得ることになったが、省庁のかなめである大蔵省がこれについて説明を求めたことは一度もない。大蔵省は、歳出を増やせと要求されないかぎり、不満はなかったのである。〔／〕

つい昨年も、この制度に多くある名残りの一つが急に芽を出して、世間を驚かせた。特許庁のある事務職員が手数料を着服した。一九世紀に生きる私たちは、当然、フランスの場合と同じように、財務行政の責任者である大蔵大臣にその責任があるはずだと考えた。ところが、イギリスの法律の場合は、どういうわけか、そうなっていなかったのである。特許庁は大法官の管轄下にあった。大法官裁判所は、手数料競争の中で生き残ってきた数多くの制度の一つである。それで、特許庁の手数料の管理は大法官の業務になっていた。もちろん、大法官は裁判の仕事に専念しているので、そうした業務はできなかった。たしかに、議会制定法には、特許庁の手数料は「大蔵省」に収めなければならないと定められている。だから、本件の責任者は大蔵大臣だと考えられた。しかし、そう考えたのは事情を知らない人だけだった。イギリスの制度では、大蔵大臣は大蔵省の敵であって、一連の法制が、大蔵省を大臣から守ろうとしているのである。数ヵ月前まで、「大蔵省会計検査官」という非常に実入りのいい閑職が存在していたが、これは大臣に対抗して省を防御することを目的に考案された職務だった。最後の検査官を務めたモンティーグル卿(38)は、自分こそがイギリス国制のかなめだといつも言っていた。ここで彼が何を言おうとしていたのかを説明する余裕はないし、その必要もない。私が言いたいのは次のことである。歴史の中で複雑な事情が次々に引き継がれてきたために、裁判所とは関係のない特許庁の役人が罪を犯した事例を所轄するのは、役柄から見て自然な責任者ではなく、この事務官について何も知らず、何の関わりもない裁判官〔大法官〕だったということである。

大法官の職務全体が変則の山なのである。大法官は裁判官である。行政の一部分が裁判官〔司法〕に委ねられるべきなどということは明白な原則に反している。きわめて重要な点であるが、司法の運営は、どんな邪悪な誘惑からも守られなければならない。ところが、大法官は、イギリスの最高位にある裁判官でありながら、同時に内閣の一員でもあって、貴族院では所属する政党の立場を保ったまま演説を行う。リンドハースト卿は、トーリー党の大物政治家だったが、オコンネル訴訟[39]で裁判長を務めた。ウェストバリー卿[40]は、長年にわたり主教たちと論争を繰り返していたにもかかわらず、『エッセイズ・アンド・レビューズ』事件[41]で判決を下した。大法官は、君主に近侍し宮中席次が高かったという理由で閣僚になったというのが実際のところであって、それは政治理論上正しいか間違っているかという点とは関係がなかったのである。

昔、友人のひとりが私に言ったことがある。ある聡明なイタリア人からイギリスの高官について質問を受けたときのことだが、その友人は、高官の職務、とりわけ職務と官職名との関係について説明するのに非常に骨が折れたということだった。その例のすべてを覚えているわけではないが、首相は、第一「大蔵卿」と呼ばれるのに、なぜおよそ大蔵省と関係がないのか、また、「森林」委員会が、なぜ都市の下水道施設を所管しているのか。それらの理由を、そのイタリア人は理解できなかったようである。この会話は、牛疫問題[42]が出る数年前のことだったが、私も牛疫問題の担当がなぜ枢密院事務局なのか、その理由を聞いておけばよかったと思っている。もちろん、歴史的な理由を挙げることはできる。しかし、ここで問題となっているのは行政上の理由である。職責が生まれた由来ではなくて、同じ官庁が、これからもずっとその職責を果たし続ける理由である。

しかし、イギリスの官公庁が非体系的で行き当たりばったりの編成になっていること以上に、同じ目的を共通に持っている各行政部局が別々に編成されていることの方が驚きである。省庁はすべて、議員でもある大臣の最終的な指示の下に置かれているのだから、大臣に担当省庁が関係する任務の全体を示すための最善の手立てをそなえておくべきである。新鮮な知性の持ち主が支配するのだから、その新鮮な知性に情報を与える必要がある。業務の大半はどの省でもかなり似ているのだから、外部からやってきた責任者に報告するしくみは、大体のところは同じでよいだろう。いずれにしても、違うしくみになる場合には、理由に基づいた違いになるべきだし、同じしくみであれば、理由に基づいて同じになっているべきなのである。〔／〕

とはいえ、どの省庁でもよいが、二つの省庁を取り出して比べると、終身の官僚と議員である大臣とのあいだの関係がまったく同じように定められているという例はない。一つの例を見てみよう。陸軍と海軍は、性質上きわめて似通っている。しかし、陸軍には、陸軍総司令部という外局があるのに対して、海軍に類似のものはない。海軍にもまた、海軍本部委員会という奇妙な変則的組織がある。海軍大臣が知らないことを教えるためのものだが、政権が変わるごとに委員たちも入れ替わるようになっている。海軍大臣とこの委員会の関係は、必ずしもわかりやすいものだったわけではない。また陸軍省と陸軍総司令部との関係は、混乱をきわめた状態にある。現在も、この問題に関する議会に宛てた報告書が庶民院に提出されたばかりであるが、それによると、基本的な重要文書は、サー・ジョージ・ルイスが保有するものよりも以前の文書は見つからないという。サー・ジョージ・ルイスが陸軍大臣に就任したのは三年前のことである。細々とした点での混乱は際限のない状態である。これでは、省庁間で慢性的ななわばり争いが生まれるのも当然である。〔／〕

商務庁[43]の場合などは存在しているらしいという話になるだけで、実際にはかなり前から存在しなくなっている。商務庁の長官と副長官が業務処理のために定期的に顔を合わせる、ということすらない。副長官の権限は、長官が不在の場合に業務の処理を行うことだけである。もしこのふたりが緊密な間柄ではなく、長官が自分で業務に当たるなら、副長官は書類を目にすることもないし、仕事はまったくない。大蔵省には、財務委員会が形だけ残っているが、委員には一切の権限がない。彼らについてカニングは、議会を構成して維持し、大臣たちを応援するために存在している連中だと言ったが、文字通りそういう役職者なのである。インド省には、常設の「評議会」がある。[44] インド以外の属領や植民地を所管する省庁として植民省があるが、そこには評議会らしいもののかけらすらないし、これまでもずっとそうだった。このように各省庁の構造はそれぞれ違っていて、一つひとつ見ればどれも理にかなったものなのだろうが、全部をまとめて見ると、理にかなっているとはほとんど言えない。

実際のところ、イギリスでも、終身の事務方トップが統括する常設の官庁を設立するという議論が、一度きりだがあった。しかし、これは特殊で変則的な事例だったし、結論もあやふやなものだった。東インド会社が廃止されて、インド省を新設しなければならなくなったときの話である。行政問題に関する随一の見識の持ち主だった故ジェイムズ・ウィルソン氏[45]は、当時、次のように主張していた。名ばかりの評議会を作るべきではない。閣僚の下にある評議会で、本当に実体のあるものにするのなら、委員は一定の人数で、高給が支払われ、職務に専念してきちんと責任を負う事務官たちにしなくてはならない。大臣は、自分で必要と判断する時点で、個々の委員か委員全員に、意見を求めることができる。ウィルソン氏が論じているように、こうした事務官職であれば、間違いなく有能の士を集めることができる。なぜなら、このポストに就けば、大臣の側近となって大臣に多大な損害を与えることができるのだから、どの大臣にしても、こういうポストに愚か者を任命することで、自分の利益を犠牲にしたり、自分の評判を危険にさらしたりはしないからである。委員会の中に無能な人間がひとりくらい入り込むのはたやすい。他の委員や委員長が有能なら、ひとりやふたりの愚か者が加わってもわからないだろう。愚か者たちは、給与をもらうだけで何もしないからである。しかし、常勤の事務次官は、もっとも重要な任務を実質的に統括する役職なのだから有能でなければならない。そうでなければ、彼の上司である大臣は非難されて、「議会で窮地に陥る」ことになるだろう。

私はここで、各省庁の最善の編成方法や議員兼務の大臣と省庁との関係の調整法について論じることはできないし、論じる能力もない。この問題について、特別な経験を持たずに、何らかの目的のために考察できるようになるには、熟練の経験者の証言を記録したものを参照しなければならない。しかし、ウィルソン氏が提案している構想は、イギリスでいちばん成功している行政機構の一分野、つまり「歳入」の分野にならったものだと言ってよいだろう。大蔵大臣は予算案を準備するにあたって、各歳入部門の責任者に歳入の見積もりを提出させる。この見積もりには前年度から変化はなく、同額の税収が継続するという仮の予測に基づいたものである。この見積もりを見て、大臣は修正が必要だと認めた場合には、これに関する報告をさらに求める。大臣が、大蔵省証券の書き換えやシティにおける株式の操作がどうしても必要だと判断すれば、国債局と大蔵省のもっとも有能で責任ある事務官の意見を口頭や書面で求める。グラッドストン氏は、当代最高の大蔵大臣だし、またどの時代に生まれても最高の大蔵大臣のひとりだったと言えるだろうが、彼はしばしば、こうした熟練の責任ある助言者たちに対して、わざわざ足を運んで感謝の気持ちを表明してきた。人は、自分を知れば知るほど、また、行動全般において習熟を深めれば深めるほど、有能な経験者が示してくれる責任ある助言を、いっそう着実に採り入れ評価するようになる。だから、この原則がよい成果をもたらすのは確実である。イギリスが世界最高の予算を作成していることは、はっきり認めることができる。他の行政組織でも、同じ方法を用いさえすればよくなるのだから、そうしない理由はないだろう。

私は以上の文章を最初に書いたときのままにしておいた。なぜなら、この部分は、私自身の知識に基づいて論じたものではなく、優れた権威に依拠して示しただけのものだからである。ただし、近年の経験からは、重要な省庁すべてにおいて、誰かひとり責任ある常勤職の長を置き、その者が、議会からやってきて絶えず交代していく大臣の行動を仲介し、大臣に万事を教え、あらゆる案件について大臣が連絡を取り合う相手となることが必要だ、ということになってきたように思われる。大蔵省の日常業務は、海軍や内務省に比べると細々としたことでしかない。だから、常設の事務長がさほど必要だとまでは言えない。しかし、現時点で明確になり重要性を持つようになっているのは、非常に重要な業務を行うすべての省庁には、そうした長が不可欠だということである。

第七章　イギリス国制は抑制と均衡の国制か

第三章で、私は、君主制下の議院内閣制と非君主制下の議院内閣制について、詳細な比較検討を行った。そこで明らかにしたのは、政権が発足するときと政権が継続しているあいだ、本当に聡明な君主であれば、まれに見るほど素晴らしい効用があるということだった。また、政権発足時と継続中に、立憲君主に課される規則や義務は一切ないという思い込みが誤りだということも確認した。しかし、それとともに、これらのときに適切に行動できる気性や気質、能力を持った立憲君主は、少なくとも、優れた能力を持った絶対君主と同じくらいごくまれだということを私は明らかにした。さらに、こうした地位に凡人が就いた場合、少なくとも有益な行為と同じくらい有害な行為をなすか、おそらく有害な行為の方が多いだろうということも明らかにした。しかし、その際、私は政権末期の局面での国王の役割については十分に論じることができなかった。というのも、この局面では、イギリス政府のいちばん特殊な要素、つまり庶民院解散権と新貴族創設権が動き出すのだが、貴族院と庶民院それぞれの性質を説明した後でなければ、両院に関する国王特有の行動を説明するための前提が整わないからである。すでに両院の機能について、またイギリスの行政制度に対する政権交代の影響については考察を終えた。そこで今や、政権の最終局面における国王の機能について論じるところにたどり着いたわけである。

この問題について、私が形式に囚われすぎていると思われるかもしれないが、私は意識的にそうしているのである。なぜなら、庶民院の解散や貴族の増員といった機能は、行政府の機能の中でも特に重要なものだが、イギリス政府全体の中でほとんど真価が認識されていないし、また、これらについて理解していないことで、イギリス国制を模倣するときに多くの誤りが生じると私には思われるからである。

ホッブズ(1)がかなり以前に論じ、今では誰でも理解しているように、どの国家であっても、最高権力、つまり、あらゆる点で決定を下す権力が存在していなければならない。政府という観念が正しく理解されている場合、この観念には最高権力という意味が含まれている。ただし、政府には二種類の形態がある。その一つは、すべての事柄について決定を下す最高決定権力が同一のものである。もう一つは、最高権力が、決定を下す事柄の違いに応じて異なっているもので、国制のある部分に最高権力があるかと思えば、別の部分に最高権力が置かれている場合もある。アメリカ人は、後者の原理、つまり、物事の種類ごとに別々の最高権力を置く、という原理に基づいて憲法を制定した。そのとき彼らは、自分たちはイギリス国制を模倣していると思っていた。ところが、実際には、イギリス国制は正反対の類型の国制である。イギリス国制では、どんな物事に関しても、最高権力は一つだけである。この違いについて実感の伴うイメージを持ってもらうために、アメリカで行われたことを見てみよう。

第一に、アメリカでは、各州が主権を完全に保持している。これは、ある程度仕方のないことだった。連邦憲法のもっとも基本的な条文の一つに、中央政府に「委譲」されていない権限は、「各州が留保する」という文言がある。(2) 一つの条項だけで、近年のアメリカの歴史全体を、それどころか、おそらくアメリカの全歴史を決定してきたという点で、これに勝る条項は他にない。州の重要問題に関する主権は、最高政府〔連邦政府〕ではなく、下位の政府に置かれてきた。連邦政府は、奴隷制に干渉できない。これは

「州固有の制度」なのである。これによってアメリカは、道徳や政治、社会状態において異なる二つの勢力に分裂して、とうとう内戦〔南北戦争〕を引き起こしてしまった。この決定的な政治問題を所管するのは、最高の英知を期待できそうな最高政府、あるいは、公平性を期待できそうな中央政府ではない。地方政府という、小さな利害への配慮が確実に働き、低レベルの能力しか動員できない政府なのである。つまり、いちばん重要な問題が、二流の政府の管轄に委ねられていたのである。〔／〕

さらに、合衆国において奴隷制に並ぶ問題がもう一つある。この問題にもまた、州政府が決定的な影響を及ぼしてきた。アメリカの超《ウルトラ》民主主義をもたらしたのは、連邦法ではなく、州法である。連邦憲法は、その骨格を構成する主な要素の一つを下級の州政府に委ねた。連邦憲法の条文の一つに次のような規定がある。連邦下院の選挙権は、どの州でも、その州の立法府の中で議員数が多い方の議院と同じにすべきだという規定である。(3) 各州は州立法府の議員を選出するために自ら選挙権を定めるのだから、各州が連邦下院の選挙権も同時に定めることになる。その他にも、連邦憲法には、大統領選挙の選挙人資格は各州が定めるとする条文がある。(4) 自由な統治の主な要素、つまり、政治に参加できる国民の人数が、アメリカでは中央政府ではなく、下級の地方政府に任されているのである。さらに、現在の南部のように、ときには〔中央政府に〕敵対的な団体に任されることにもなる。

疑えないことだが、この点で憲法制定者たちには選択の幅があまりなかった。憲法制定者たちの中でもいちばん賢明な人々は、できるだけ中央政府に多くの権限を与えて、地方政府には権限を少なくするように強く働きかけた。しかし、この賢者たちが専制政府を作り、自由を損なおうとしているのではないかという批判の声がわき起こり、この声に乗じて地方政府の警戒心がやすやすと勝利を収めることになった。実を言えば、どのような連邦制にしても、それは私が尊厳的部分と呼んだ要素と実務的な要素の両方を併せ持つことのできない政治体制なのである。どの連邦制の場合でも、連邦が結成される時点で各州にはすでに歴史があって、州民の愛着や忠誠を引き出して、これを保ち続けている。これに対して、連邦政府は実用的ではあるが、新しいものであって魅力的には映らない。連邦政府は、州政府に多くのことを任せなければならなくなる。連邦政府の動力源を、州政府に頼らないわけにはいかないからである。州政府こそが、国民からの自発的服従を得られる政府なのである。州政府がこうした愛着を得られない場合には、イタリアやドイツの小君主たちが消え去ったのと同じ道をたどることになる。連邦制が必要とされることはなく、一つの中央政府が全体を統治することになるのである。

しかし、アメリカ憲法における主権の分割は、これまで示してきた以上に複雑である。連邦政府に残されている主権は全体の一部であるが、それが分割されていて、しかもそれらがさらに細分されているのである。その最大の事例は、非常にわかりやすい。法律を定めるのは連邦議会だが、行政を取り仕切るのは大統領である。たしかに、アメリカ憲法は、両者の統一のために一つの手段を設けている。大統領は、気に入らない法律に対して拒否権を行使できる。しかし、両院それぞれにおいて三分の二が(最近生じたように)合意するなら、議会は大統領の拒否を覆して、大統領を無視して法律を制定することができる。以上をふまえると、ケースの違いに応じて、立法権の所在が三ヵ所あるということになる。第一に、議会と大統領が一致している場合は、その両者に立法権がある。第二に、大統領の拒否権行使が実効性を持つ場合には、大統領である。そして第三に、大統領の拒否権が覆される場合には、議会の三分の二の議員たちである。大統領は、自分が容認しない法律を積極的に実行に移す必要はない。大統領による無視があまりにもひどい場合には、弾劾されることもたしかにあるだろう。しかし、罪に問えるほどの不作為と熱心な活動とのあいだには、無数の段階がある。リンカン氏は、解放黒人局(5)法案を容認していたし、彼であればそれを実施したことだろう。しかし、〔後任の〕ジョンソン氏は、この法律を実施しなかった。アメリカ憲法は、異なったケースごとに最高立法権力の所在を変更し、また、あらゆる場合に、立法権力と行政権力とを切り離す特別のしくみを持っているのである。

しかし、行政権も単一のまま、未分割のままというわけではない。外交政策は行政におけるもっとも重要な役割の一つであるが、この場合の最高権力は、アメリカの大統領にはない。ましてや下院にあるはずもない。外交に関する最高権力は、上院にある。大統領は、「出席上院議員の三分の二」が同意する場合にかぎって条約を締結できるにすぎない。こういうわけで、重大な国際問題を処理する主権は、一般の行政問題や立法問題の場合とは異なり、まったく別の国家機関に置かれている。つまり、主権が自分で所在場所を移動するわけである。

さらに別の問題もある。宣戦布告は議会が行うのだが、議会の近年の法解釈だと、大統領に和平を行わせるのが非常に難しくなっている。憲法の起草者たちは、アメリカ議会が、イギリス議会と同じく、行政府を統制できるようにすべきだと考えていたことは間違いない。彼らは、下院だけに国庫の支出権を与えたのである。しかし、「紙幣」発行の管轄については忘れていた。その結果、現在では、大統領は議会に諮ることなく紙幣を発行する権限があると考えられるようになっている。リンカン氏は、この手を使って南北戦争の緒戦を戦った。リンカン氏は、議会の承認ではなく紙幣発行権に頼ったのである。(6) グリーンバックを発行する権限は、軍の最高司令官である大統領に属すると決まっている。冗談のように聞こえるかもしれないが、これは本当の話である。紙幣発行権は、いわゆる「軍事大権」の一部になっているのである。実際のところ、先般の戦争〔南北戦争〕で財源が必要となったときに、政府はいちばん手軽な方法を使ったのである。国民は、追加の課税がないことを歓迎して、このやり方を全面的に認めた。〔／〕

しかし、こういうことがあったために、現状では、先例で決まっていることだとして、大統領は、議会の同意なしに、また議会の希望に反して、戦争を継続できる強い権限を持つようになっている。もちろん大統領は、アメリカ国民の一致した意志の前には無力になる。この国の特質と国民の気質からして、大統領は、国民の意志に逆らおうとは決して考えないだろう。ところが、国民が（最近のように）二派にわかれて、一方が大統領を支持し、他方が議会を支持する場合は、議会が（イギリス流に言えば）戦争停止の命令を出したとしても、今では疑問の余地がなくなった大統領の紙幣発行権を通じて、大統領は戦争を継続することができるのである。

最後にもう一つ〔主権の分割がもたらす問題を〕取り上げておこう。アメリカでは、もっとも重要な問題領域の全体が、通常の国家機関から切り離されていて、特別の機関が担当するようになっている。憲法で定められているどの機関にも「憲法」の改正が行えないのである。それができるのは、憲法の枠外にある機関だけである。急を要する改正だろうと、大して重要でもない改正だろうと、とにかく憲法を改正する場合には、各州または各州議会のあいだで複雑な調整を経てから承認を得る必要がある。その結果、誰の目にも明らかな弊害でも、すぐには除去できないことになる。また、問題のある条文を文言通りに解釈することを避けるために、不合理この上ない擬制《フィクション》が作り出される。こうして、不器用な仕事ぶりと奇妙な専門用語を振り回すことが、荒削りでせっかちな国民〔アメリカ人〕の政治の特徴になってしまう。アメリカの場合、実務上の議論であれ法律的な議論であれ、不備のある遺言書の執行にたずさわる受託人に似ていることが多い。受託人の意図はまともなのだが、書かれていることを全部は実行できないし、すっきりと擁護することもできない。旧式の遺言書の元々の言葉遣いが妨げになるのである。

これらの事例は（他にも追加できそうだが）、その後の歴史がまた証明しているように、アメリカ憲法の起草者たちの基本的な考えがどのようなものだったのかを示している。起草者たちは、主権をどこか一ヵ所に置くことに怖じ気づいた。彼らは専制政治を生み出すことを恐れたのである。彼らにとっては、ジョージ三世が専制君主だった。だから、何が何でも、ジョージ三世のような専制的支配者を登場させまいと思ったのだった。当時一般に広まっていた学説では、イギリス国制は主権を分割しているとされていた。アメリカ人はそれを模倣して、主権を細かく分割したのである。

その結果は、いまや明らかである。アメリカでは、歴史の重要な局面において、迅速に機能する決定権力がそもそもなかった。南北戦争の後、南部は勝者〔北部〕に屈服している。勝者としては、南部をどう扱うかを決めなければならない。*分離主義者たちを再び同じ国の市民として、再び投票権を与え、再び代表者を選出させて、できれば再び統治に参加させる際のいろいろな条件を決めなければならない。〔／〕

*この章は、南北戦争終結直後に執筆された。しかし、ここで論じた重大問題が、その後、適切に解決されたとは聞いていない。

いちばん難しい問題は、以前の敵を、自由が認められた味方にどうやって変えるのかという問題である。北部が発行した巨額の公債の保証や、それに伴う将来の信用の問題、将来の戦争のための兵力をどのように整えるかという問題は、南部にあまり権力を与えないことでうまくいくのかもしれない。というのも、南部の人々は、公債が自分たちを服従させるための費用に充てられていると考えるにちがいないし、そうなると、彼らは自分たち自身の負債、つまり南部防衛の費用の支払いさえも拒否したくらいだから、北部の債務の支払いを放棄したくなるにちがいないからである。〔／〕

さらに、これまで奴隷だった黒人は、黒人を嫌い蔑視する人々から今も思いのままに扱われている。そのため、黒人を解放した人々には、新しい生活に向けた公正な機会を黒人に与える義務が生じている。かつて奴隷は、自分自身をつなぐ鎖によって守られていた。奴隷は価値のある商品だった。ところが現在は、黒人は自分自身で生きる者となった。本人以外に、本人の人生に関心を持つ人間はいない。そして、「卑しい白人」に好きなように扱われるようになっている。その結果、黒人は白人の仕事ぶりを軽蔑し、白人は黒人をひどく憎むようになっている。要するに、現在のアメリカ政府は、およそ政府というものが直面する最大の道徳的責務と最大の政治的難問という二つの課題を突きつけられているのである。しかし、何も決まっていないし、決まる可能性もない。大統領はある路線を望み、その路線以外のものを阻止する権限を持っている。議会もまた、別の路線を望み、それ以外のすべてを阻止する権限を持っている。主権が数多くの部分に細分されることになれば、どこにも主権がないのと同じことになってしまうのである。〔憲法制定会議があった〕一七八七年のアメリカ人は、自分たちはイギリス国制を模写しているのだと考えていた。しかし、彼らが作り上げたのは、正反対の国制だった。アメリカが最高権力を多くの機関や当局に分割した複合型の統治形態だとすれば、イギリスは、あらゆる問題に関する究極の権力が同じ人々の手中に置かれた単一型の国制なのである。

イギリス国制における究極の権威は、選挙で一新される庶民院である。行政上の問題や立法上の問題、国制の根幹に関わる重大問題や日常の些細な問題、開戦および戦争継続の問題、さらには課税の問題や紙幣発行の問題、インドやアイルランド、ロンドンなどに関連する問題など、こうした問題のどれであっても、選挙で一新されている庶民院なら、どこからも邪魔されずに最終的な決定を下すことができる。

すでに説明したように、庶民院は、些細な問題については貴族院の修正に同意するし、気にとめる必要のない問題については、貴族院が引き延ばしのために発動する拒否権に従うこともある。しかし、国民の同意がたしかなときには、また選挙されて間もない時点では、庶民院は絶対的であり、思うままに統治し思うままに決定できる。加えて、庶民院は、自らの決定を無駄にしないための最善の予防策を講じることもできる。自分たちが発出した命令を着実に執行させることができる。なぜなら、行政府を任命できるのは庶民院であり、庶民院だけだからである。また、庶民院は行政府の怠慢に対していちばん厳しい処罰を行うこともできる。なぜなら、行政府を解任できるからである。さらに庶民院は、自らの希望をかなえるために、同じ希望を持っている人々を行政府に選出することもできる。だから、庶民院の希望は必ず実行されることになる。アメリカ議会は、両院の多数派が規定数に達すれば、法律の制定によって行政府の決定を覆すことができる。しかし、イギリスの立法府の民衆部門〔庶民院〕は、行政府自体を作ることができ、解体もできるのである。

要するに、イギリス国制は、単一の主権を設立して、その主権に存分にやらせるという原理に基づいて設計されている。他方、アメリカ憲法は、たくさんの主権を作って、一つひとつの主権の劣勢を数で埋め合わせようという原理に基づいている。現在、アメリカ人は、自国の諸制度を自分たちで讃えているが、そのせいで本来受けるべき評価を受けられずにいる。しかし、アメリカ人には政治的な才能がある。口をついて出る言葉は乱暴ではあるが、きわめて不思議なことに節度ある行動をとることができる。また、これまでどの大国の国民も示さなかったほどの、またイギリス国民をはるかに凌ぐほどの遵法意識がある。もしアメリカ人にこれらの性質がなかったなら、アメリカ憲法における多元的な権力構造は、とっくの昔に悲惨な結末を迎えていただろう。ある聡明な弁護士から聞いた話だが、アメリカでは、分別のある株主なら、どんな決済証書でも処理できる。*同じように、マサチューセッツの人間なら、どんな憲法でもきっと運用できるのだと思う。しかし、政治哲学は政治の歴史を分析して、国民の長所に原因を求める部分と法律の長所に原因を求める部分とを切りわけなければならない。さらに政治哲学の任務として、大衆が崇めている多くの偶像を破壊することになるとしても、国制の各部分が持っている正味の効果を慎重に測定する仕事があるし、また、ほとんどの人々がまさかあるとは思っていないところに隠れている効用を探り当てるという仕事もある。

*もちろん、ここで私が論じているのは、現在の南部や南東部のことではない。非常に多くの悪しき要素がひどく乱雑に交錯している社会で、自由な統治がどうして存在可能なのか、私には想像がつかない。

統治という営みにとって、単一性や統一性がどれだけ重要なのかについては、誰も疑えないと思う。その営みを各部分に区別して見分けることはできるが、しかし、政策はそれ一つでまとまっていて、それ一つで全体である。政策が動いていくのは、法律によってであり、行政担当者によってである。法律が必要とされる場合もあれば、行政担当者が必要とされる場合もある。両方を容易に動かすことができないと、政策はすぐに行き詰まってしまう。両方を絶対的に支配できないと、政策の効果は不完全になる。人間に関わる物事は、複雑に入り組んだ性質を持っているために、単一の支配的な力が必要になる。人為的に切りわけた部分のそれぞれに対して別々の力を振り向け、それぞれが何らかの成果を出せるまで存続していたとしても、雑多なパッチワークにしかならない。イギリス国制の長所は、この統一性をすでに達成している点にある。主権が一つにまとまっていて、効果的で優れた機能を果たすことができるようになっているのである。

この成功の主な要因は、行政府の選任を「国民の議院（庶民院）」に委ねるというイギリス国制特有の規定によるものである。しかし、この成功は、二つの部分なしにはまったく達成不可能だっただろう。ここでは、それらを思い切ってイギリス国制の「安全弁」および「調整器」と呼んでおこう。

安全弁は、イギリス国制に特有の規定である。これについては、貴族院について扱った章〔上巻第四章〕で十分に論じておいた。行政府の長〔首相〕は、第二院の議員を新しく選任することによって、第二院の抵抗を抑え込むことができる。首相を支持する多数派が第二院に見当たらない場合には、〔新貴族の任命を通じて〕首相はその多数派を作り出せるのである。これこそ、いちばん頼れる安全弁である。これがあれば、国制の一部門である貴族院が嫌ったり抵抗したりしても、国民の意志という、行政府が代弁し、行政府を任命した人々〔庶民院〕の意志でもあるものが、国制から逸脱せずに、自分自身の考えや願望を貫くことができる。また、安全弁があれば、国制を吹き飛ばしてしまいかねない鬱屈した危険な力を放出できる。実際これまでにも、同様の力が同様のいろいろな国制を吹き飛ばしてきた例はいくつもある。

イギリスの単一の主権が持っている調整器——あえてこう呼ばせてもらう——とは、行政府の指導部に託された、主権を担う議院〔庶民院〕の解散権である。立法府の民衆部門である庶民院の欠点については、以前の章〔上巻第五章〕で詳しく論じた。手短に言えば、次の三つに要約できるだろう。

第一に、庶民院の気まぐれである。これは、行政府を選出する議院によく見られるもっとも恐るべき欠点である。イギリスの植民地で議院内閣制が失敗する場合、あるいは失敗だと言われる場合にはいつも、まずはこの欠点が原因になっている。植民地議会が、どんな政府も維持しようとせず、首相を次から次へと交代させる。結局、政府がまったく存在しないという事態に陥るのである。

第二に、こうした気まぐれに対する是正策そのものにどうしても伴うことになる欠点である。議院内閣制の場合、安定的な多数派と持続力のある政権を支えるのは、政党組織だけである。ところが、政党組織そのものが、党派的な激しい抗争や党派間の敵対感情を深刻なものにする傾向を持っている。実質的に政党は、国民のすべてを、特定の利益のために選ばれた一部の人々の支配下に置く組織である。議院内閣制は、そもそもが党派性を伴う政治である。だから、それが可能になるのは、各党派が一緒にまとまろうとする場合にかぎられるのである。

議会が持っている第三の欠点に移ろう。あらゆる種類の主権者に共通することだが、〔主権者としての〕議会もまた、そのときどきの議会特有の感情や偏見、利害を持っていて、それらを、国民の願望に反して、さらには国民の幸福に反してまで追求することがある。議会は、気まぐれや党派性に加えて、利己心を持っているのである。

イギリス国制の調整器の歯車を有効に動かす方法はわかりやすいものである。種としての議会の権威それ自体を損なわないで、個としての議会の権力を弱めることである。調整器があることで、議会外の誰か特別の人物は、次のように発言できる。「議員諸君、諸君は義務を果たしていない。諸君は、国民を犠牲にして、気まぐれなことばかりしている。諸君は、国民を犠牲にして、党派心に浸っている。諸君は、国民を犠牲にして、自分たちの利益ばかりを追求している。諸君の行いを国民がどう評価するか見届けようではないか。議会第一号を解散して、議会第二号に訴えよう」。

イギリス国制特有のこの〔解散権の〕規定の価値を理解する、これ以上ない方法は、実際の運用の様子を追ってみることである。以前〔上巻第三章で〕、イギリス国王の別の権限について検討したのと同様に、解散権が世襲君主の存在をどれだけ頼みにしているのか、また、議会によって選出される首相が、解散権をどの程度まで行使できるのかについて見てみればよい。解散権の行使を要請される特定の人物の本質を分析してみれば、この権限がどれだけ重要なものなのかをはっきりと理解することになる。

第一に、首相を選出する際の議会の気まぐれについてである。気まぐれを抑える最善の人物は誰か。明らかに首相本人である。首相こそ、自分の政権の維持にもっとも関心のある人物である。そのため、政権を維持するための〔解散権の〕権限行使を、いちばん有効に、またいちばんうまく行える人物である。他方、政権の維持と関係のない地位にいる国王が介入すると、厄介なことになる。議会は、国王の気まぐれが自分たちの気まぐれと一致してくれることをいつも期待するようになるかもしれない。ジョージ三世が当時の政府を激しく攻撃していた時期は、首相は、正当な権限を常に奪われ通しだった。国王から首相が嫌われた場合、首相を貶めようとする陰謀家の訴えを国王が聞き入れるかどうかが、いつも定かでなく、この陰謀好きの君主が自室で、陰謀家の誰かひとりを首相に指名する可能性が常にあった。そのために、陰謀が助長されたのである。議会解散の権限は、議会とは無縁の外部機関に与えるのではなく、議会に選ばれた首相に与えた方が、議会の気まぐれを阻むには、より効果的なのである。

しかし、反対に、党派的な熱狂と議会による自己利益の追求とをいちばん効果的に抑制できるのは、議会と無関係な機関や議会に依存していない機関である。ただし、そう言えるのは、こういう機関が道徳的にも知的にも、委託された役割を期待通りに果たせる場合のことである。首相は当然のことながら党内の多数派から指名されているのだから、おそらくそうした多数派の考えを共有しているだろうし、また共有していると言わざるをえないことは間違いない。〔／〕

たしかに、現実の問題にじかに接して対応していれば、首相は数多くの偏見から自由になって、いくつもの熱狂から距離を置き、数々の考えを改めるようになる可能性は高い。現在の保守党政権(7)の中には、自分の党が知性の面で愚鈍だと見ている閣僚が何人かいる。その閣僚たちは、保守党特有の言葉を決して使わないし、そうした言葉を使う人も見下した感じで「傍白《ぼうはく》」のように話す。彼らは、党に積もり積もった偏見を、自分自身を支えてくれる「潜在的な力の源」として尊重してはいるが、その一方で、自分が生きていくときの糧になっているこうした偏見を軽蔑してもいる。昔、ディズレイリ氏は、サー・ロバート・ピール政権——この政権は、真の権力を持っていた最後の保守党政権だった——のことを「組織的偽善」と呼んだ。こうした言い方ができるほど、この政権の「先頭」が考えていることと、「最後尾」が感じていることには違いがあった。しかし、当時のディズレイリ氏はわかっていなかったけれども、ダウニング街(8)の空気の中にいると、ある種の考えがここで暮らす人々に入り込み、頑迷で根深い偏見を抱いて対立している者たちですら、物事の大きな流れの中にすぐに溶け込んで角が取れてしまうのである。おそらくディズレイリ氏も、今では理解していることだろう。〔／〕

パーマストン卿もまた、党員の精神を覚醒させたり刺激したりするような指導者ではなく、むしろ党員をなだめたり静めたりする指導者の典型例だった。目の前にあるいろいろな困難の影響が重なって、たいていの場合、首相は穏健さに欠けた党派人でなくなるが、やはりある程度は党派的ではあるだろう。また、過激な党派人になることもあるが、その場合には、首相は党を抑止するのにふさわしい人物ではなくなる。議会内の指導的セクト(この場合は、そのように言えるもの)が、国民に歓迎されないことを行おうとしているときには、首相はただちに国王に上奏して、議会を解散すべきである。ところが、党の熱狂に染まった首相は、そうしないだろう。首相は、自分自身の原理原則をかたくなに貫くことになるだろう。もしかすると、未熟な理論の偏狭な原則を押し進めて、世間が歓迎しない結果をもたらそうとしているときでも、自分は有益な仕事をしているのだと思うだろう。こういうときには、立憲君主の価値は計り知れない。君主は、議会が国民に損害を与えることを阻止できるし、そうしようとするだろう。レオポルド一世がそうだった。また、アルバート公が生きていればそうしたことだろう。

さらにまた、議会の利己心は、議会内部よりも議会外部からの方が効果的に抑制できることは明白である。議会の支持で地位を得た首相は、彼を選出した人々と同じよからぬ衝動を持つかもしれない。そうでなくても、ともかく首相は、議会を「利用」するかもしれない。首相が議会と同じ衝動を持っているかのように見えることもあるだろう。立場を利用して利益を得ようとする議会の利己的な性格は、実際のところ、首相にとって大して重要な問題でないのはたしかである。首相の最大の関心事は、内閣の存続であり、また、不正であろうとなかろうと、内閣の利益である。首相は、国民にひどく嫌われるようなことは、何であれしたがらない。近日中に選挙が行われ、新しい議会になるのはわかりきっている。だから首相は、その議会を選ぶ有権者の感情を逆なでする気にはなれない。ところが、首相の利益が著しくひどい利権追求とは両立しないとしても、さほど目立たないものであれば、首相は、利権を追求したくなるだろう。そこで、日和見をするだろう。首相は、不都合な物事をうまく取り繕おうとするだろう。こうして彼は、議会が満足して、国民が怒らない程度の悪事を働くことになるだろう。つまり首相は、共犯者になることに尻込みするどころか、その罪を軽くしようと努めるだろう。議会の外に公平で有能な権威を見つけることができるとすれば、そういう権威は間違いなく、首相を選出する立場にある議会の党派心や強欲を抑制してくれるだろう。

しかし、そんな指導者は見つかるだろうか。見つかった例が一つあると思う。イギリスの植民地総督である。これはまさに、急場を救ってくれる神《ディ・エクス・マキナ》(9)である。総督たちは、いつも知性を働かせている。というのも、普通とは違った任務で身を立てなければならないからである。総督が公平無私であることはほぼ間違いない。というのも、世界の果てからやって来ているからである。総督は、植民者のどの階級や集団の利己的な欲望にも加担しない。というのも、総督は、そうした欲望が実を結ぶはるか以前に地球の裏側に異動して、別の顔つきや別の精神を持っている人々のことで多忙を極め、半分忘れかけた前任地のことなどほとんど聞かなくなっているからである。〔ノ〕

植民地総督は、植民地議会の権威を超越した地位にいる。彼を導いている知見は、おそらく量的に膨大であり、植民地議会の持つ知見をしのぐほどではないにしても、別種の知見である。しかし、この場合でさえ、こうした議会外の権威が持つ利点を得るために、大きな代価が支払われている。この代価は多くの場合、支払う価値のあるものであるため、安上がりですませられないものになっている。植民地総督は、統治している植民地にずっと関心を持ち続けるわけではない。赴任の際、おそらくその場所を地図で確認しなければならなかったはずである。また、現地にどんな党派があって、どんな論争があるのかを本当に理解するまでには何年もかかる。総督自身には偏見がなくても、身近にいる現地の人々の偏見には囚われやすい。こうして総督は、植民地の利益を捉え損ねはしまいかと考えて、〔結局〕植民地の利益ではなく、自分自身がよく理解し確信している自分の利益に基づいて統治を行うようになる。こうなっても仕方ないし、これでもよくやっている方だとさえ言える。植民地総督の最大の願いは、「窮地」に陥って本国の上司たち、つまり植民省を煩わすような問題を起こさないことである。急に訳のわからない理由で呼び戻されて、後のちの出世に響くことにもなりかねないからである。こうして植民地総督は、自分たち現地人のことなど半分ぐらいしかわかっていないし、またその程度にしか気にかけてもいないという印象を、現地の人々に残すことになる。間違いなく、そういうことになる。〔／〕

私たちは、植民地に共通するこうした感情をほとんど理解していない。なぜなら、私たちが彼らの主権者を任命しているからである。しかし、これは、政治的な大事件でも起こって、この選任過程が逆転したら、つまり、彼らが私たちの主権者を任命するようになったら、またたく間に理解できる感情である。すると、ただちに次のような疑問が出てくるはずである。「ニュージーランド出身者がイングランドを理解できるだろうか。どうすれば、故郷への帰還に恋い焦がれる人間が、イングランドのことを気にかけることができるか。どうすれば、遠く離れた権威に取り入ろうとしている人を信頼できるだろうか。どうすれば、たまたま同じ言語を話すだけの外国人に、心から従うことができるだろうか」。

ここまで、植民地総督による統治の利点を損なう欠点について長々と論じてきた。なぜなら、これが、議会を超越した君主について考察する際に、いちばんふさわしい事例だからである。またこの事例を検討することで、君主制の本当の問題点が実感できるからでもある。私たちは、あまりにも君主制になじみすぎているために、本当の問題点がわかっていない。長年つき合いがあって何でも知り尽くしている知人に、通りすがりの人でも一目でわかるような特徴を見つけて驚くことがあるが、これとよく似ている。知人にこういう人がいる。彼には妹がいて、二〇年のあいだ毎日顔を合わせてきたのだが、その妹の目が何色だったかわからなかったのである。あるいはむしろ、それだけ妹と顔を合わせてきたために、わからなかったと言えるだろう。次のような哲学的な一般原則は、まったく正しい。私たちは、自分自身の思考の中にある定数的な要素を、おそらくいちばん重要な要素であるにもかかわらず軽く見てしまう。そして、大して重要でもない変数的な要素――(今風の言い方だと)微分的要素――にばかり気を取られるのである。

ここまで、回り道をして植民地総督の例を挙げてきたが、これによって、立憲君主による議会解散機能の行使がどれほど困難なことなのかがわかるなら、世襲君主が議会解散権の行使に必要な能力を備えていそうもないことが、ただちにわかるだろう。

世襲君主は、平均的に見てせいぜい凡人でしかない。実務についてひどい教育しか受けていないことはほぼ確実である。また、実務に興味を抱くことも期待できそうにない。おそらく世襲君主は、若い頃から娯楽のありとあらゆる誘惑に囲まれて、青年期のすべてを、法定推定継承人という悪徳に染まりやすい環境で過ごしてきただろう。継承人という立場上、決められた仕事を持たないから、彼は何もできない。もし自発的に仕事を引き受けたとなれば、継承人としての役目を超えた行為だとされてしまうだろう。たいていの場合、立憲君主はきずものの凡人である。専制君主にしばしばあるような、不可避の政務に迫られているわけではない。それなのに、専制君主を堕落させるのと同じ誘惑に毒されることによって、役立たずになっているのである。また、歴史が証明しているると思われるが、世襲の王室は代々繰り返される腐敗した生活から影響を受けて、血統の中に何やらよくわからない害毒がたまっている。代々遺伝して強くなった毒素により彼らの判断は狂わされて、悲哀は陰鬱なものとなり、享楽にも半ば影が差す。「一八〇二年当時、世襲君主は全員が錯乱していた」と言われてきたが、この言葉は当たらずと

も遠からずである。〔／〕

こういう君主が、意気揚々としている内閣の意向に反してまでも、議会を解散すべき適切な時点を読み取ることができるだろうか。解散の時機を正確に捉えるためには、議会が誤っていること、さらに国民もその点を理解していることを、君主自身が認識できなければならない。そこで、議会が誤っていることを見抜くためには、偉大な政治家ではないとしても、ひとかどの、つまり相当優れた政治家でなければならない、という話になるわけである。こうした人物には、生まれ持った強靱な精神力が必要である。というのも、そうした精神力がなければ、国家の政策のための厳しい原則を理解できないからである。たゆまずに勤勉であることも必要である。そうでなければ、国制の原則に関連している複雑で細々とした業務や、そうした原則を適用する必要のある様々な機会に精通することはできない。凡人として生まれて人生の中で堕落した人物の場合、どちらもそなえている可能性はない。聡明さと勤勉さの両方を持ち合わせることは、ほぼ確実にない。しかも、宮廷の奥に隠れ、心地よい追従を聞かされ、複雑な世間にもまれることもなく、地位によっていつも守られてきたような君主である。そんな君主が、きちんと世論を理解できるとは思えない。もしかしたら、生まれつきそうした才覚を持った君主もいるかもしれない。しかし、人生の中で、その才覚に気づかされる場面がまったくないので、この才覚もおそらく衰えてしまうことになるだろう。

ところが、これよりもずっとひどい事例がある。ジョージ三世の人生からすぐさま得られる事例のことである。これは、立憲君主が持っている欠陥を並べた博物館のようなものである。議会が国民以上に賢明でありながら、国王が国民と同程度の知性しか持たないことがある。〔〈〕

アメリカ独立戦争の最後の数年間、最高責任者だった首相のノース卿は、戦争の継続に反対だった。うまく行かないことがわかっていたのである。議会もまた、ノース卿とほとんど同じ考えだった。ノース卿が和平案を携えて議会にやってくることができていたなら、議会はおそらく歓喜したことだろう。国民もまた、議会が説けば、戦争に敗れたことは悲しんだだろうが、おそらくは納得しただろう。当時の世論は、現在の世論よりも現在のアメリカの世論に似ているところがあった。イギリスの当時の世論は、現在と比べると、形になるまでにずっと長い時間がかかった。また、中央政府からの急な働きかけがあると、今よりもずっと容易にこれに従った。ノース卿が、和平を勧め実現するという素晴らしい仕事に全力を注ぎ、行政府の権力をそのために集中的に用いることができていたなら、どうなっていただろうか。何年にも及ぶ流血は避けられただろうし、今でも引きずっていて完全には消えていない敵対感情を断ち切ることもできただろう。〔／〕

しかし、首相の背後には、一つの権力があった。ジョージ三世は、向こう見ずなことに、戦争の継続にこだわっていた。また、国民は、この戦争がどれほど勝ち目のないものかを見ていなかったし、長期にわたる反感が自分たちのかたくなな態度のために生じていることを理解していなかった。要するに、無知で鈍感で無能だったので、〔国王と〕同じように戦争の継続を歓迎したのである。たとえノース卿が和平を望んで議会を説得したとしても、努力はすべて無駄になっただろう。上位に立つ権力者〔ジョージ三世〕は、和平に向かおうとする賢明な議会をそっちのけにして、不機嫌で好戦的な国民に訴えることができたし、進んでそうしようとしただろう。議会に特有の欠点を抑制するために設けられた国制の機能〔議会外部の権威による抑制〕が、議会の見識を抑えつけるために悪用されたのである。

なりゆき任せで無能で、おそらくは半ば錯乱状態になっている議会外の人物の力が、よりによって生死をわけるような時点で、このデリケートなしくみに襲いかかってくるのである。議院内閣制の性質を知れば知るほど、いっそう恐ろしくなる話である。こういう重要な局面では、首相や議会の方が、実際のところ、国王よりも賢明なものである。間違いなく首相は有能で、正しい決定を下そうと懸命だろう。国王はどれだけ失敗しても安泰であるが、首相は決定を誤れば地位を失う。もともと分析力に富む人間〔首相〕の判断力が、重い処罰を前にして研ぎ澄まされる。他方、もともと知性でずっと劣る人間〔国王〕にそういう罰則が及ぶことはない。議会もまた、その大半が健全で慎重かつ経験豊かな人々の団体である。議会が満足している政権を追放する権限や、その議会を解散して国民に訴える権限は、平凡な世襲君主が長期にわたって有益に使いこなせるようなものではない。そのことは、議会の本質からして明らかである。

こうした理由から、君主のこの権限は、イギリス国制の実際上の運用から、完全にとは言えないとしてもほとんど姿を消すことになった。議会の多数派が忠誠を誓ってしっかり支持している内閣を、女王がクーデタによって突然打倒するようなことほど、イギリス国民を驚愕させることはないだろう。理論上、この権限が女王にあることは否定できない。しかし、このことについては、誰もがすっかり忘れてしまっているから、もし彼女がこの権限を行使したなら、プリムローズ・ヒル(10)が噴火したかのように驚くだろう。

これに似た出来事があった。先例にしてほしくない出来事である。一八三四年、ウィリアム四世は内閣を一つ潰した。(11) 当時、この内閣は、庶民院の指導者がいなくなったことで混乱してはいたが、まだ存続していたのにである。貴族院に所属していた首相は仕事を続けるつもりだったし、庶民院の指導者になる意欲もあった。国王は、世論の支持がウィッグからトーリーに移っているものと思い込んでいた。それで、ウィッグ政権を退けることによって政権の移行を加速すべきだと考えたのである。〔ノ〕

しかし、国王の判断が誤っていることは、結果で示された。たしかに、ウィリアム四世の認識は間違っていなかった。つまり、ウィッグに対する国民の支持は揺らいでいたのである。ウィッグには、人々の心を打つ指導者も、自由主義を体現してその推進に情熱を傾ける指導者もいなかった。加えて、野党の立場が長く、その立場に慣れきっていたので、政権に就くと失敗続きだった。また、ウィッグは、人々の一時的な感情によって政権を獲得したものの、その感情を半分程度しか理解していなかった。おそらく、半分以下だっただろう。しかし、国王のやり方は間違っていた。トーリーに肩入れしようとして、反対にこれを妨害してしまったのである。ウィリアム四世は、尚早にもトーリー政権〔第一次ピール政権〕の成立を無理押しした。賢明な人々の誰もが予想したように、この政権は失敗に終わった。国民は、ウィッグに対して嫌気がさし始めたばかりで、それはまだ大きな力にはなっていなかった。だから、国王の介入はウィッグにとって好都合な結果になった。なぜなら、この介入は、国民の自由に反するものに見えたからである。〔／〕

ウィリアム四世は、世論の変化を感じ取った点では間違っていなかったが、そこには勘違いがあった。国民が望んでいたのは、自由主義的な方針による支配の継続だった。不満が出始めていたのは、ウィッグの指導者たちの個人的な欠陥に関するものでしかなかった。自由の原則に付随する一時的な不満もあったが、原則そのものへの不満ではなかった。そのため、国王が内閣に打撃を与えたこの最近の事例は、次の結果に終わった。正しい原理に反対して、間違った原理に肩入れし、援助するつもりだった政党を痛めつけることになったのである。君主たちは、これを戒めとして、長年問題なく続けられてきた先例が今も教えてくれている方針を守っていくことになるだろう。つまり、議会の信任を得ている内閣を〔先々〕どうするかの判断は、議会に委ねることになるだろう。

議会において政党が国民の信条を踏み越えて自らの党派心を追求したり、国民の利益に反して自己利益を追求したりすることには危険が生じる。とはいえ、国民がいつも政治に関心を抱いていて、議員たちを常に統制するような国の場合には、こうした危険は、実際のところ、さほど大きなものではない。イギリスの庶民院の場合、世論が明らかであるのに、それに反対し続けることはほぼ不可能である。政治に対する国民の注目がここまで絶え間ないものであって、各議員が心の中で自分の大切な議席が失われはしないかとこれほど強く心配しているのであれば、そういうことになる。こうした危険は、集落が散在していた昔の話である。そのような社会では、興味を引くような政治問題もないし、人々のあいだには距離があるし、監視を怠らない世論が議会の行き過ぎを批判するということもない。また、議席を獲得することに関心を払う人もわずかしかいない。そのわずかな人たちも、ほとんどが性格や素性からすれば議員になるよりもならない方がよいような人たちである。〔／〕

成熟した政治的国民について言えば、〔彼らにとって〕議会で生じる重大な悪徳は、内閣を選択する際の議会の気まぐれである。この場合、国民は議会をほとんど統制できない。議会に広い裁量を認めずに、国民が議会を統制するのも望ましいことではない。政権のよし悪しについては、ほぼすべての場合、これを間近で見て明確に理解できる議会の判断で決まる。それに対し国民は、内閣から遠く離れたところにいるので、これがよくわからない。しかし、議会の判断に個人的要素が入り込むと、議会の気まぐれが生まれる。容易に想像できるのは、庶民院がどの政治家にも不満を持ったり、どの政治家にも満足しなかったりして、小さな党派に分裂して小集団ごとに投票するようになることや、どの政治家も、継続して支持する指導者を持たないで、好機が来たら自分が打って出てやろうと考えるようになることである。こういう議会には、解散の可能性を示すことで、すばやく抑制をかける必要がある。しかし、この抑制を行うのは（すでに明らかにしたように）、君主よりも首相の方がよい。また、近年のイギリス国制の実情を見ても、解散という手段は年々、君主の手を離れて首相に移ってきている。現在では、女王は、首相が議会から信任されている場合に、首相の同意がなければ議会を解散できないだけでなく、首相が議会から不信任決議を受けた場合でも、首相による解散権の行使をほとんど拒否できなくなっている。

イギリス国制におけるいわゆる安全弁（新貴族創設権）の場合も、ほとんど同じ事態が見られる。立派で有能な世襲君主なら、首相以上にこの安全弁をうまく使うだろう。しかし、首相もこれを十分に使いこなせる。しかも、首相以上にうまく使える君主が現れるのは、せいぜい一〇〇年に一度だろうが、首相よりもへたな使い手が登場してくる可能性は常にある。

行政府が貴族創設の権限を行使する方法、つまり、新たな貴族院議員を追加的に任命して、貴族院の構成を変える方法としては、現在、二つの方法がある。第一に、繰り返し行われている慣習的な方法である。国民ははっきりとは気づいていないが、これによって、貴族が生まれ続けている。第二の方法は、実行は可能でも強烈なものなので、これまで実際に行われたことがほとんどない方法である。[12] しかし、この方法は魔力を持っていて、常に貴族院に対する大きな抑制力になっている。〔／〕

毎年、君主は少しずつ貴族を創っている。この方法で、貴族院特有の感情を絶えず修正しているのである。事情をよく知っている人たちから聞いた話では、イングランドの貴族は（残念ながら、貴族を創設する権限が現在でも行使されているのは、イングランドだけである）、今ではトーリーよりもウィッグの方が多いということである。三〇年前は、もちろん、正反対の立場〔トーリー〕の貴族が多数派だった。〔／〕

イギリスでは、非常に奇妙な事情によって、政党が代わるがわる政権を担当するということはなかった。これは、多くの理論家たちの予測にも、世間に流布している言説にも反することだった。ウィッグ党は、アン女王の死後、ノース卿とフォックス氏の連立政権まで、(ごく短い中断はあったが)約七〇年間、政権の座にあった。その後、トーリー党は、(同様の短い中断をはさんだだけで)一八三二年までほぼ五〇年間政権を保った。それ以来、ウィッグ党が、ごく短い時期を除いて、ずっと優勢を保ってきた。このように、ウィッグもトーリーも長期政権となったことで、どちらの政権も、自分の政党の見方に沿うように上院に多少の変化を与える手段を得ることになった。トーリーが行った半世紀にわたる大量の貴族創設は、第一次選挙法改正まで貴族院をトーリー一色に染めた。ところが現在では、トーリー色が驚くほど薄まっている。〔ノ〕

アイルランド貴族とスコットランド貴族[13]は、昔からほとんど同じ有権者(である貴族たち)によって指名され、有権者層の多数派の感情を代表している(少数派の発言権はまったくない)ので、昔ながらのトーリー的要素を保っている。しかし、変化が認められてきたイングランド貴族は、大きく変化してきた。イングランドの貴族層は、現在全体としてトーリー色が優勢かそうでないかはともかく、一八三二年式のトーリー主義を信奉するトーリーでないことはたしかである。ウィッグの新しい貴族の出身階級は、急進主義に好意的というよりも、むしろ一般的にトーリー主義に近い立場である。大資産家層に、根本的な変化をもたらす一大推進力であってほしいという期待はできない。貴族の創設は、従来の貴族層との絶妙な調和を保ちながら行われてきた。そのため、非常に大きな影響を及ぼす貴族院の修正が、これまで苦もなく行われてきたのである。貴族院の中に正反対の要素を大量に加えていたなら、古くからあった要素を刺激したことだろう。しかし、同類の要素を注意深く注入してきたので、種のレベルでは異なっていても、元の要素との摩擦を起こすことなしに、新しい混合物を編成させてきたのである。

貴族創設の権限はふだんから広く用いられているが、それを握っているのは首相である。また、首相に権限があることが、その使われ方に特徴を与えている。首相は、多数党の指導者として、終身制の議院〔貴族院〕を少しずつ変えていくのにふさわしい人物である。おそらく、この議院は、政権発足時には首相に敵対的である。こういう議院を、首相は貴族創設によって、とにもかくにも、自分が代表している世論と折り合わせることができるわけである。人為的に設計された憲法には、これほど精緻で、これほど柔軟性に富んでいて、ここまで恒常的に第二院を変えていけるしくみはない。仮に、一代貴族を創る権限がさらに加えられていたなら、国民に責任を負っている行政府が貴族院に及ぼす沈静化作用は、この上なく申し分のないものになっていただろう。

上院を圧倒するために、甚大な効果のある貴族創設を行うことは、これまで述べてきた貴族創設とはまったくちがう。有能で公平無私でしがらみのない国王がいるのであれば、この権限は国王の手にあるのが最善である。この権限は、重大な場面、つまり、目的がきわめて重要で、しかも、党派対立が収まらないときにかぎって用いるべきものである。これは、事態を決定づけ収める権限である。だから、それを掌握するのは、当然のことながら、党派的な立場を採らざるを得ない首相ではなくて、有能で公平な人物が望ましい。国民の命運に関わる重大な危機に直面しているときに、たまたま思慮深く慎重で聡明な君主がいてくれたら、その価値は計り知れない。そういう君主なら、何年も続きそうな争乱をあらかじめ押さえ込み、流血の事態や内乱を抑え、国民の感謝の声や名声を高めて、党派間の憎悪が蓄積されるのを防止できる。しかし、問題はふりだしに戻る。そういう君主がちょうどうまくこの場面に登場するだろうか。ちょうどうまく、そういう君主を戴く可能性などあるのだろうか。ちょうどそのときに、世襲という偶然性の中で出てくる君主が平均してどの程度なのかということは、誰だって知っている。そうした君主がどれだけの役割を果たせるというのだろうか。

これらの疑問に対して、まれな事例から得た数少ない経験を元にした答えでは、満足できる回答にはならない。イギリスの歴史において、甚大な効果のある貴族創設、つまり、貴族院における多数派を突然変えてしまうような貴族創設に近い例だととりあえず言える例は、二つしかない。一つはアン女王の時代の事例である。当時、貴族の多数派はウィッグだった。そこで〔トーリーの〕ハーリー政権は、トーリーが多数派となるように、多数の貴族を一挙に創った。この出来事が国民に及ぼした影響はきわめて大きかったため、次の君主〔ジョージ一世〕の治世には、政府が、貴族を無制限に創る権限を君主から取り上げることや、貴族院の定数を庶民院と同じように定めることを提案して、きわめて熾烈な論争が巻き起こったほどだった。ところが、アン女王本人は、この件にまったく無関心だった。アン女王は、これまでの国王の中で、いちばん取るに足らない人物のひとりである。スウィフトは、〔女王について〕辛辣ではあるが正しくもこう言った。「彼女が持っていた親愛の情は、いちどきに友人一名分にかぎられていた」[15]。ちょうどその当時、女王の寵愛はひとりの侍女に集中していたのである。その侍女の進言通りに、女王は貴族創設を行った。ところが、女王は、広い思考力や包括的な視野に基づいた政治的手腕に欠けることでは、メイシャム夫人[16]にひけをとらなかった。女王は、〔侍女の進言を聞き入れるという〕いちばん極端なやり方でできの悪い政権を支持した。しかも、それは女王の気まぐれから出たものだったのである。〔／〕

ウィリアム四世の事例は、さらに輪をかけて教訓的である。彼は、非常にまじめな国王だったが、同時にきわめて気弱な国王だった。国王とグレイ卿とのあいだで交わされた往復書簡が大部《たいぶ》にまとめられているが、その中の半分以上が、この〔貴族創設の〕問題をめぐる書簡で占められている。書簡の主は、国王というよりもむしろ秘書とした方がよい。国王は、自分の考えや、少なくとも王の取り巻きの考えを文書にまとめさせるために、非常に聡明な人物を抱えていたからである。これは、高い地位にある人物が気弱さと小心な優柔不断ぶりを示す珍しい例である。(17) ウィリアム四世は、無数の書簡が交わされた後でやっと、選挙法改正法案が第二読会を通過するために必要なら、相当数の貴族創設を行うことに同意した。(18) しかし、トーリーから「逡巡派」が脱落したおかげで、貴族創設はせずに、選挙法改正法案は九票差で第二読会を通過した。その後、リンドハースト卿が、致命的な修正を施した案を上程した。この修正案は、通過すれば改正そのものが骨抜きにされる内容を持ち、事実、修正案のねらいもそこにあった。この時点で、国王は貴族創設を拒否した。あるいは少なくとも、十分な数の貴族創設を行うことを拒否したのだった。この結果、恐るべき危機、ほとんど革命と言ってよいほどの事態が生じることになった。〔／〕

善意の愚か者が作り出す、これほど印象的な事例は、歴史上、ほとんど見当たらない。往復書簡を慎重に読めば、貴族を創る裁量権は国王ではなくグレイ卿に与えておけばはるかによかったと、誰もが思うはずである。国王がこの権限を行使するかしないか、また、行使するならどの程度行使するのかについて、先行きは不明だった。主にこのことが野党を活気づけた。実際、革命時に、権力を弱体勢力の手に与えることもありうる。しかし、そんな勢力では権力を保てない。権力は、より強力な勢力の手に飛び移る。貴族創設権の行使がもっとも必要になっている状況では、ウィリアム四世のような、あるいはジョージ四世のような平凡な世襲君主は適任ではないのである。ジョージ三世のような半ば錯乱した人の場合、さらに問題は大きい。こういう人物は、貴族の創設が必要ない場面で、訳のわからない衝動に駆られて、この権限をふるいかねない。しかも、権限行使が必要な場面では、不機嫌さが異様なまでに高まって、権限の行使を拒否してしまうのである。

首相の上に抑制を加えるものが架空の上でも存在していることは、現実において害悪である。なぜなら、その架空の抑制力が、本物の抑制力の働きを妨げるからである。特別に多くの貴族を創る——たとえば、年に一〇名以上——場合には、下院の特別多数、たとえば四分の三の賛同を必要とするなどと法律で定めるのは、難しいことではない。こうすれば、首相は、国制上の予備的な権限〔大量の新貴族を創る権限〕を、通常の権限であるかのようには使えなくなる。また、全国民がこの権限の行使を強く望んでいなければ使えなくなる。さらに、平時の政治運営ではこの権限を使わずに、革命的な事態に備えて取っておいて、使わなければならないときに確実に使えるようにしておくことになる。ときには特異な人物が現れることもあるが、たいていは凡庸な人物ばかりが現れる世襲君主に、貴族創設権のような重大で決定的な権限を与えると、どんな目的も達成できなくなるのは確実である。アン女王の事例、それにウィリアム四世の事例は、このことを証明している。

現実とかけ離れていて、見方によっては本筋から外れているように見える問題について、なぜ私がこれほど長々と論じるのかと思われるかもしれない。ヴィクトリア女王の廃位を提案する人など一人もいない。女王ほど安泰の地位にいる者は、世界のどこにもいない。これまでの章で明らかなように、国民の大多数は女王以外に服従せず、彼女が呼び起こす崇敬心は、今日の科学の言い方だと、位置エネルギーであって、この崇敬心から小さな権力のすべてが生み出され、下部の機構は、このエネルギーを使って活動している。しかし、今このときだけでなく、またイギリス一国だけでもなく、将来の全世界に目を向けてみると、これ以上に実践的な問題は他にない。

今の世界で盛んになりつつあるのは、事実こそが大事だという見方である。それぞれの時代を評価する基準は、以前にもまして、結果という基準になっている。崇敬の不動の源泉が存在していない新しい国ばかりが、世界のあらゆるところで生まれている。そういう源泉を作る必要がある。はっきりとわかる効用を示して、忠誠を間違いなく生じさせるような制度を創り出さなければならない。こうした事実偏重の見方は、ヨーロッパの場合でも、現代における最大にして最新の二つの思想的な力の産物である。その一つは、実業である。私たちは、商業の物質的な成果にばかり目を向け、その精神的な結果について忘れてしまっている。商業が生み出してきた精神は、物質的なものを欲しがり、思想面を軽視するようになり、言葉が持っている豊かな味わいがわからなくなっている。どんな労働にも儲けがあるべきだというのが、そのモットーである。私たちは、「剣を帳簿に持ちかえた」(19)だけではない。戦争それ自体が、剣だけでなく帳簿によっても行われているのである。〔／〕

今日、偉大な軍人とされるのは、勝ち目のない戦いに猛然と挑んだり、怒りに燃えて立ち上がったり、女性や主君へのあふれる思慕に駆られたりするような、ロマンティックな生き物ではない。無言のしかめ面で地図をにらみ、数字に強く、軍略に長け、四六時中、細々としたことにばかり思いをめぐらせているような人物である。ウェリントン公がそうであると言われているように、兵隊の軍靴のことばかり考えている人物である。また公は、派手な身振りや雄弁といった類いのあらゆる所作を軽蔑している人物である。おそらく、モルトケ伯(20)のように、「七ヵ国語で沈黙している」軍人が、偉大な軍人とされるのである。私たちは、数字が評価を左右する一つの「風土」にたどり着いた。そこでは、王権神授説の真の擁護者だと思われていたビスマルク伯が、王たちを左右に切り開いたあげく、王たちの成績を吟味して、役に立たなければ生かしてはおかないのである。〔乙〕

事実、過去五〇〇年で、人類の支配層の主要な任務が大きく変わっている。以前は、激しく動き回るか、そうでないときはじっと動かずに休んでいるかだった。封建貴族は、戦争か狩猟といった心を躍動させることをするか、いわゆる「恥ずべき逸楽」(21)に耽る以外にやることがなかった。現代の生活には刺激がないが、いつでも緩やかな活動状態にある。せわしない商業活動が、「業績評価」の習慣を作り出している。人に対してだろうが、物に対してだろうが、しくみに対してだろうが、「さて、この前お目にかかって以来、どんな仕事をしましたか」と尋ねることが習慣になっている。

自然科学は多くの人々の主要な教養になりつつあり、きちんと気づいている人はあまりいないが、通俗的な文学の中にも浸透し始めている。この自然科学も、同じ方向に向かっている。自然科学には、素朴さと詮索好きという二つの特色がある。昔なら「ばかばかしい」と言われた事実を重視したり、絶えず事実を検証したがったりしている。観察や聴き取りをうんざりするほど行うことで、くだらない事実が事実であることを確認しているのである。〔ノ〕

思想の世界でも、昔のような心沸き立つ思想は半ば死に絶えてしまった。あるいはむしろ、静穏な楽しみとなって生活の中へ溶け込んでしまい、一点集中して衝動的に探求するようなものではなくなった。デカルト(22)のような昔の哲学者は、思考を熱心に突きつめることで認識できる根源的な真理から、純粋な演繹を通じて森羅万象を説明できると考えた。真摯な内省と推論とによって、すべてを明らかにできると考えたのである。魂は、「それ自身単独で存在する」ものなので、純粋な孤独の中に入り込むなら、知りたいことのすべてを教えてくれるだろう、というわけである。この哲学はそれを信じる者に対して、人間が得られる最大の喜びを約束した。それは、物事を観察することから解放されて、どんなときも自分が正しいと感じられる喜びであり、どんな場合にも自分だけで推論を進めていくことの喜びである。ところが、現代のもっとも野心的な哲学の構想は、これとはまったく違ったやり方で出発する。ダーウィン氏(23)は次のように書き始めている。

博物学者としてビーグル号に乗船していた頃、私は南米に生息する生物の分布や、南米大陸の過去の生物と現在の生物との地質学的なつながりの中にあるいくつかの事実にたいそう衝撃を受けた。本書ののちほどの数章で見るように、こうした事実によって、種の起源、つまり、イギリスのもっとも優れた哲学者たちの言葉を借りるなら、あらゆる神秘の中でいちばん神秘的なものの解明に光が差し込んだように思われた。帰国した後、一八三七年に、私は、この問題に関係がありそうな事実のすべてを根気強く収集して考察すれば、何かがわかるかもしれないと考えるようになった。この作業に五年取り組んでから、この問題に関する私自身の推測を述べてもよいだろうと考えて、数本の短い覚書を書いた。一八四四年にこの研究を拡張して、これで正しいと思われる結論を描き出した。その当時から今に至るまで、私は相変わらず同じ問題を探究している。このような個人の事情を事細かに述べたのは、私が結論を急がなかったことを示したかったからである。この点、お許し願えればと思う。

もしダーウィンが、彼自身の大問題に最終的な結論を下そうと思うなら、それは鳩の飼育やその他の人工的な変種の実験を慎重に行うことによってである。ダーウィンにとっての英雄とは、自分に閉じこもって興奮している哲学者ではなく、「最高に腕のよいあの品種改良家のサー・ジョン・セブライトである。(24)セブライトは、鳩なら三年あればどんな色の羽でも作ることができるが、頭とくちばしには六年かかるとよく言っていた」。私は、古い思想よりも新しい思想の方が優れていると言っているのではない。そういうことは、私には関係ない。一見してわかるように、現代科学のもっとも野心的なものでさえ、どれだけ事実重視の方向へ向かっていて、どれだけつまらないものになったのかについて、私はよく知ってほしかっただけで、そのためには実例を挙げるのがいちばんだと考えたのである。

イギリス人の移民志向のために、現在、新しい社会が絶えず創り出されているが、こうした社会では、これまで述べてきた精神の散文的傾向がいっそう強まっている。アメリカ人や植民地人の精神は、昔ながらのイギリス人の精神と比較すると、事実一本槍である。つまり、「これについてどう考えどう想像しようが、事実はこうだ」と考える傾向である。南北戦争以前には、アメリカ人はドル万能教の信者だとよく言ったものである。アメリカ人がやたら気の向くままに金をばらまくということは、今では誰でも知っている。しかし、私たちが言っていたことは、半分しか当たっていない。彼らが崇拝しているのは、目に見える価値、つまり、明白で否定できず、否が応でも突きつけられる結果である。オーストラリアやニュージーランドでは、同じ傾向が最高度に達している。この傾向は、荒野との格闘から成長してきたものである。物質的な困窮は、草創期の社会の敵であり、この敵との何世代にもわたる絶え間ない戦いが、人々の知性に現実という烙印を残す。これは、イギリス人にはつらい刻印である。古来の複雑な社会にある目に見えない恐怖や、半ば空想でしかない危険になじんでいるためである。世界中にある「新しいイギリス」は、「古いイギリス」と比較すると、（そう言ってよければ）飾り気のない精神に満ちているのである。

こういうわけで、植民地世界の新しい社会は、統治形態を選択しなければならなくなったとき、あらゆる制度が、見てはっきりわかるような効用を持っている統治形態を選ぶにちがいない。アメリカ人が、秘密の神聖性を帯びた女王や、幸せそうに無為の生活を送っている王太子[25]を見て笑っている場面に出くわすことがある。実際、アメリカ人の散文的な精神では、立憲君主制が合理的な統治形態で、新しい時代や生まれたばかりの国にも適していて、新しく出発する国民にも採用できる統治形態だということは理解できない。実業について何一つ知らず、立派な志を胸に世界中をめぐっている小公子たちなど、アメリカ人には移動広告でしかない。それは、この手の政治形態がヨーロッパ限定の、中世に起源を持つものであることを、また、古い国では今でも重要な役割を果たしていても、新しい国にはその余地はないということを告げて回っているように見えている。このように、優れた批評家たちが一九世紀文学の最大の特徴と見る情け容赦ない現実主義は、政治の世界にも見られるのである。むき出しの実用志向は、当然、その志向に基づいて作られる事物の特徴となるに決まっている。

こうして、本章で取り上げた問題からもっとも興味深い関心が出てくる。議院内閣制には世襲君主が不可欠だということなら、私たちがこの統治形態に失望していたとしても仕方ない。しかし、細かく分析してみればわかるように、議院内閣制に世襲君主という要素は不可欠ではない。一般的に、平均的に見て、君主は大いに役立っているわけでもない。勇敢で思慮に富んだ国王、王としての才覚をそなえた国王は、常に有益であるし、ごくまれに、言い表せないほど大きな価値を持つ場合もある。しかし、世襲の凡庸な国王は、難局のときに役には立たない。また、平時には国王の助力は得られないし、その必要もない。国王は、何もしようとしないし、何かを行う必要もないからである。しかし、幸いなことに、新興国は、大統領制のような統治形態につきものの、権力の分割という致命的な過ちに陥る必要はない。他の条件が整うならば、君主がいない議院内閣制でも、役割をきちんと分担しながら迅速に活動できる主権、つまりイギリス国制と同種の主権を持つことができるのである。

第八章　議院内閣制の必要条件およびその イギリス的な特殊形態

　議院内閣制がまれにしか見られないのは、多くの必要条件があるためである。議院内閣制を運営するには、国民は、それに必要とされるいくつかの性格を兼ね備える必要がある。しかし、世界中見渡しても、それらがそろっている例は少ない。この性格については、だいたいはわかっているが、もっと明確に理解すべきである。ある程度の知性や、いくつかの単純な徳性があれば、それで要件は足りるという考え方がある。知的な資質や道徳的な資質は必要である。しかし、それ以外にも必要なものはたくさんある。議院内閣制は、立法府が選出した一委員会（内閣）が統治を行う政治体制である。そのため、次の二つの条件を満たさなければならない。第一に、選挙に基づいた政治すべてに不可欠になってくる条件である。第二に、選挙に基づいた政治の中でも、特殊な形式の選挙政治に必須となる条件である。〔選挙政治という〕属の必要条件に加え、〔特殊な形式の選挙政治という〕種の必要条件が存在する、ということである。

選挙に基づいた政治が成立するための第一の必要条件は、選挙人たちのあいだでの相互信頼である。私たちは、選挙によって選ばれた大臣たちの統治に服することに馴れきっている。それで、人間なら誰でも進んでそうするにちがいないと考えがちである。知識や文明は、少なくともこの点で進歩をもたらした。私たちは、本能的に、議論の余地なく、またほとんど意識すらせずに、一定数の特定の人々が私たちの支配者を選出することを容認している。これほど単純明快なことは世の中にないように思えている。ところが、これはもっとも重大なことの一つなのである。

半ば未開状態にある国民の特徴は、他人に対する不信が広がっていて、見境なく疑いの目を向けることである。非常に恵まれた時代や地域に生まれた人は別にして、ほとんどの国民は自分が生まれた土地に根を下ろし、その土地ならではの考え方をしていて、他の考え方には我慢できない。隣接する教区に対してでさえ、疑いの目を向けることになる。隣の教区に住んでいる人々は、違った慣習を持っている。ほとんど見わけがつかない程度だが、たしかに違っている。言葉のアクセントも違う。多くはないが、教区特有の言葉を使っている。昔から言い伝えられてきたように、彼らの信心も怪しげである。〔／〕

このように、隣の教区にも多少の疑いの目が向けられるのなら、隣の州となると、その疑いはずっと大きくなる。そこは、目新しい行動規則に従い、耳慣れない考え方を持っていて、新奇な生活の仕方をする人々の世界である。大昔から存在する境界線は、ここから先は異界だという感覚から始まっている。さらに、隣の州が疑わしいのであれば、もっと離れた州ともなると、まったく信用できない。「放浪者がそこからやってくる」ということは、誰もが知っている。しかし、それ以外のことは何もわからない。北部の住民は、南部の住民とは別の方言で会話をする。法律も違えば、貴族制度も生活も違う。昔の人々は、遠くの地域のことについて考えたこともないし、隣の地区に住む人々のことは何となくしかわからず、気持ちが通じるのは同郷の人たちだけだった。こんな時代に、別の土地に暮らす人間同士で一致協力することなど、どれだけ些細な問題に関しても不可能である。どちらの側も、相手の誠意や良識や判断に信頼を寄せる気にはならない。どちらも相手の動きが予測できない。

　些細な問題でもこうした協力を期待できないなら、統治における決定的な重大問題、つまり政治指導者の選択に関する協力は、なおさら考えられない。為政者の選出について、一三世紀のノーサンバーランド[1]がサマセットシャーとの連携で合意するなどと考えるのはばかげている。死刑執行人の選出で協力することですら、まずなかっただろう。現在でも、はっきりとした説明がなければ、どちらの州も協力したがらないだろう。州の選挙のときに、次のような説明をする人はいない。「この集会の目的は、私たちの代議員、アメリカ人が「選挙人団」と呼ぶ代議員集団を選出することである。この代議員集団は、議会に出席して、大統領に相当する首席の行政官を指名することになる。我が州選出の代表者たちは、他の州や大都市、都市選挙区から選出された代表者たちとともに議会に参集し、私たちの指導者を選ぶことになる」。こういう味気ない言い方は、昔はできなかっただろうし、現在であっても、こういう言い方は奇妙で常軌を逸したものだと見なされるだろう。幸運なことに、選挙のしくみがとても間接的でわかりにくく、そのしくみの導入もゆっくりと密かに行われてきた。そのため、イギリス人が政治面でお互いに大いに信用し合っているということを意識することは、ほとんどない。商取引で最高の信用が得られることは、信用する者にとって当たり前で、単純なもの、はっきりしたものである。だから、信用について議論したり考えたりはしない。政治における最高の信用も同じである。私たちは、イギリスの同胞を信用していることなど思い浮かべることもなく信用しているのである。

選挙による政治が成立するための第二の条件に話を移そう。これも、まれにしか満たされない条件である。その条件とは、国民精神の平静さである。〔選挙という〕政治的な激変のときには、興奮状態は避けられないものだが、その興奮を抑えるには精神の安定的な調子が必要となる。未開の国民や文明化の途上にある国民が、こうした精神状態を獲得したためしはない。今でも、教養のない多数者に向かって「さあ、君たちの指導者を選んできなさい」とは言えない。大騒ぎになるだろう。彼らは、危険なことを夢想し、選挙を行おうとするが、力ずくでの権力奪取という結末になるだろう。〔ノ〕自由な国家における威厳を持った諸制度は、こうした秩序の崩壊を予防する点で、計り知れない価値を持っている。指導者の選択に伴う興奮は、選ばれざる指導者〔君主〕がまぎれもなく存在することで抑制される。貧しく無知な階級は、非常に興奮しやすいし、興奮状態になることで、間違った方向へと簡単に導かれてしまう。しかし実際には、彼らは、統治しているのは国王なのだと心の底から信じている。「君臨」と「統治」の難解な違いを説明しても、彼らには理解できない。説明で使われる言葉が、彼らの普段の言い回しの中にはないし、その言葉を理解するために必要な観念が、彼らの頭の中にはない。最高位と最高権力とを分けるということは、この階級の人間には考えてみることさえできない洗練された発想なのである。彼らの考えでは、自分たちを統治しているのは、世襲の国王、神の恩寵を受けた国王である。ところが実際に彼らを統治しているのは、内閣と議会〔を構成する人々〕、つまり、彼ら自身と変わらない人々であって、しかも彼ら自身が選び出している人々なのである。目にも鮮やかな威厳が、崇敬の感情を目覚めさせる。そして、威厳などとはおおよそ縁遠い人物〔議員や閣僚〕が、これを利用して統治の機会をつかみ取るのである。

最後に、選挙に基づいた政治の第三の条件である。これを合理性と呼んでおこう。この条件は、知性とは関係があるが、それでもやはり知性とは別のものである。自分たちで指導者を選出できる国民はすべて、遠くにある対象について、明確な観念を持てるようになっていなければならない。国王を取り巻く「神聖性」があると、たいていの場合、それが妨げになって、国王に関する明確な観念を得ることができなくなる。一般に、忠誠の対象については、外面的な地位において自分よりも上にいるだけでなく、内在的な本質でも自分より高いところにいる、と想像するものである。忠誠の対象をかつては教義によって神格化したのと同じように、現在では感情によって神格化している。こうした幻想は、人類にとって計り知れない利益があったが、今でもそれに変わりはない。事実、これが指導者選出の妨げになってはいる。なぜなら、つい昨日まで自分自身と同じ人間で、また明日も一緒だと思われ、選挙で選出しても本質が変わらない人物に対して、忠誠の念を喚起するような幻想を持つことはできないからである。しかし、この迷信は指導者を選挙する場合の障害になるとしても、これがあるおかげで、選挙によらない指導者が存在できるようになっている。〔／〕

教育を受けていない人々の幻想では、彼らの国王は、神聖な王冠を戴きランスの油により聖別されたプランタジネット家の末裔である(2)。王家の血を引かない、油注がれざる無冠の者とは別の存在なのである。彼らは、神秘的な権利に基づいて服従を義務づけるただ一人の人間が存在していると信じている。だから、進んでその人物に服従するのである。〔選挙という〕わかりやすい方法で選ばれた指導者単独の統治が可能になるのは、ずっと時代が下って、世界がもっと広くなり、人々の経験も豊かになって、冷静な考え方ができるようになってからのことである。

以上に述べた諸条件があるために、選挙に基づく政治が可能な範囲は、狭く限定されている。しかし、議院内閣制の必要条件は、さらにいっそう厳しい。なぜなら、ここまでに論じた諸条件だけではなく、同時に優れた立法府、つまり有能な内閣を選出できる立法府を生み出せなければならないからである。

さて、その有能な立法府というものが、ごくまれにしか見られないのである。ともかくも長続きしている立法府、つまり、法律を制定したり廃止したりするために継続的に活動できる立法府は、イギリス人にとって当たり前に思われている。しかし、こうした立法府は、どれもが、人類に根づいた考えとは正反対のものである。大半の国々の国民は、法律とは、神から授けられた変更のきかないもの、あるいは過去から未来へとそのまま継承されていく不変の習慣だと考えている。イギリス議会も、現代でこそ立法を主な仕事にしているが、かつてはまったくそうではなかった。むしろ保守するための組織だったのである。王国の慣習という、社会が始まった頃から継承されてきた法は、裁判官の心に刻み込まれていて、議会の同意がなければ変更できなかった。だから、どんな人も、重大で特別で異常な事態でも起きなければ、法が変わることはないだろうと信じて疑わなかった。議会の役割として高く評価されたのは、法律の改正を阻止することで

あって、法律の改正などはその半分も評価されなかった。議会本来の役割もまた、そこにあった。〔／〕

初期の社会では、法は正しいものであること以上に、変わらないものであることの方がずっと重要だった。無知の時代の国民が作った法はどれも、間違いを数多く含んでいて、様々な弊害の原因となることは確実である。粗野で苦労も多く、窮屈な生活を送っていた時代には、完璧な立法であることをめざすことはできなかったし、めざすよう求められることもなかった。そうした時代に望まれたのは、変わらないことだった。労働の成果を享受すること、財産や婚姻に関する法を知ること、そして人生の先行きを予測可能な軌道に乗せることが、初期の時代の最高善であり、また文明化の途上の時代におけるいちばんの望みだった。こういう時代に人々が望んだのは、法律に改良を加えることではなく、法律が安定していることだった。当時は、感情が激烈で、暴力に訴えることが多かったし、社会的な拘束力もかなり弱かった。だから、社会を維持するためには、めったに変わることのない法の威厳に満ちた姿が必要だった。人間社会の初期段階においては、変化はすべて悪だと考えられた。実際に変化の大半は悪だった。生活条件がとても単純で変化することがなかったので、多少まともな規則があって、その規則がどんなものかを人々が知っていれば、それで十分だった。慣習は、専制政治を抑制する第一の力である。慣習は、現代では改革者たちにとっては苛立ちの的であり、改良の妨げになっているが、恣意的な権力に対する原初的な抑制力なのである。当時は政治的な便宜という考えもまだほとんど生まれていなかったし、抽象的な正義の感覚も弱くて曖昧だった。だから、先祖伝来のしきたりという型を固く守り抜くことが、誰にも邪魔されず満ち足りて完全な日常を過ごしていくために不可欠だったのである。

継続的に会議を開いて、常時法律を制定したり廃止したりする立法府がこうした時代にあったとしても、異例なものであり、やっかいなものでもあっただろう。しかし、現状では、世界の中で文明が進んだ地域の場合は、〔法律を変えることに関する〕以上のような問題点は過去のものになっている。文明社会では、適応のための立法が広く望まれている。つまり、これまで継承されてきた法律を、日々変化する世界の新たな要求にうまく合わせるための立法である。法律が必要な場合には制定すればよいから、悪法を維持する必要はなくなった。文明は、法の改正という手術に耐えられるまでに強くなっているのである。しかし、歴史を見渡せばわかるように、内閣制度はまれにしか見られない。ほとんどの場合、その理由は、継続性のある立法府が、非常にまれにしか存在しないことにある。

しかし、議院内閣制が可能な範囲を今日においても限定している条件としては、さらにいくつかのものがある。議院内閣制を成立させるには、立法府を持つだけでなく、優れた立法府、つまり有能な行政府を進んで選出して、これを維持する立法府を持つことが可能でなければならない。これは簡単なことではない。もちろん、そのために精巧で複雑な機構を苦労して探し出す必要はない。そうしたものは、今の庶民院にも部分的に存在しているし、庶民院改革案の中でも、十分にまた忌憚なく論じられている。今ここでは、完璧な庶民院や卓越した庶民院が問題なのではない。簡略に示せるような適格性の基準と最低限必要な能力とを求めているにすぎない。

この適格性には、二つの条件がある。第一に、優れた立法府を作り出すこと、第二に、これをしっかりと維持することである。両者は、一見すると密接に関連しているように思えるかもしれないが、決してそうではない。有能な立法府を維持するためには、中身のある業務を立法府に相当量与えていかなければならない。いちばん優秀な人材を一定数確保しても、仕事がないのも同然なら、そのことで互いに争うことになるだろう。重大問題が片づくと、些細なことで分裂が生じる。作るべき新たな法も、廃止すべき昔の悪法もほとんどなく、単純な外交関係を調整すればすむだけの非常に幸福な社会は、立法府に仕事をさせることにとても苦労する。立法のための問題も、処理すべき問題もないからである。その結果、重大な危険が生じる。立法府は他にできる仕事が何もないために、行政府の選出という仕事に関して争い始めるだろう。政権をどうするかの論争にすべての時間を費やすのである。百害あって一利なしの時間の使い方である。こうして、統治能力もその資格もない弱体な政府が次々に現れて、有能な人々がその能力を発揮するために十分な期間にわたって権力の座に就けるという、議院内閣制に特有の成果が得られなくなることになりかねない。〔／〕

もちろん、議会には、行政府選出の任務以外にどれだけの業務が必要なのかという問題に対して、正確な答えを形を整えて示すことはできない。国制の理論には、数字も統計も含まれてはいない。言えるのはただ、仕事がほとんどない議会が、仕事の多い議会と同じくらいの機能を発揮するには、他のすべての点でもかなり有能でなければならないということである。大してよくもない議会ということであれば、深刻な問題が議会を引き締めることで、かなり改善することもある。しかし、そうした問題のない議会の場合は、本来的に優秀でなければならないのであり、そうでなければ完全に役立たずになる。

とはいえ、優れた立法府を維持することの難しさは、最初に優れた立法府を作ることの難しさほどでないことは、明らかである。優れた議会を選出できる国民には、二種類ある。第一に、大多数が賢明で、快適な暮らしを送っている国民である。まじめに働いても貧しさから抜けられないといったことがなく、教育が行き渡って、政治的な知識が普及しているところでは、国民の大多数がかなり優れた立法府を選出できる。この理想は、イギリスの北米植民地や合衆国の自由州全体でおおよそ実現されている。(3)これらの国々では、まじめに働いているのに貧しいということはない。イギリスの貧困層には想像できないほどの物質的な豊かさが、まじめに働くことで容易に得られている。教育は大いに普及して、速やかに拡大している。旧世界からやってきた無知な移民は、自分たちにはない当地の教育水準にしきりに感心している。移民たちは、基礎教育が普及している地域では、自分たちの教育水準の低さに悩まされてもいる。〔乙〕

こうした新たな共同体が抱える最大の困難は、たいてい地理的なものである。国民の大半は、分散して暮らしている。人口密度が低くなると、討論が難しくなるのである。しかし、ヨーロッパから見ればかなり大きな国でも、国民が本当に賢明で、教養もあって、快適な暮らしを送っている場合には、すぐに優れた世論を形成するだろう。ニューイングランド各州をそれぞれ別個に一つの国として見ると、各州で、豊かな教養や優れた政治的能力や高い知性を持っている国民の数は、同じくらいの人口がいるどんな国の国民も及ばないほどの規模になることは疑いない。こうした国であれば、どの住民も有能な立法府を選出する適性を持っているため、優れた立法府を生み出すことができる。困難なく生み出せると言っていいほどである。ニューイングランド各州は、現在、その幸福な暮らしぶりで世界中から賞賛されているが、もし一国家として議院内閣制を採用するということになれば、政治的才覚の面でも同じように賞賛されることになるだろう。

ニューイングランド各地の地域社会の構造が、平等原理に立脚していることはたしかである。ただし、その<u>どれ</u>もが、政治理論家が示しているような平等原理の厳密な要求を完全に満たせるわけではない。歴史を経た地域社会の場合では、どこでも、その原初的な主導原理は現実に反する。その理論は、すべての人は同一の政治的権利にふさわしいとしている。その根拠はもっぱら、政治的知性の程度では、どんな人も変わらないという点にある。しかし、農業を中心にした植民地が生まれた時期の場合、政治的に真の平等として要求されるものにかなり近い。初期の植民地社会には、大土地所有者も、大資産家も、上流階級も存在しない。誰もが、快適で質素な暮らしを送っていて、それ以上の生活を送る人はひとりもいない。新しい植民地では、平等は人為的に成立させるものではない。自ずから成立しているものなのである。〔7〕

オーストラリア西部にはじめに移住した人々のあいだにこういう話がある。ある金持ちたちが自腹で労働者を雇い、さらに馬車も買い入れた。ところが、すぐにその金持ちたちは、馬車の中に住めるかどうか試してみなければならなくなってしまった。労働者たちは、雇い主の家が建つ前にいなくなってしまったのである。労働者たちは自分のために家を建て、畑を耕し始めたため、雇い主の方は、馬車に取り残されてしまったというわけである。本当にこの通りだったのかは、私にはわからない。しかし、似たようなことが数え切れないほど起こった。これまで、イギリスの階級社会を植民地にも移植しようとする企てが繰り返し行われてきた。しかし、それはいつも最初の段階で失敗した。底辺に生きる荒くれ者たちの階級は、自分たちのことを頂点にいる優雅な階級と同等か、それよりましだと思っていた。自分たちは自力で移住してきた。「上の連中」もそうすればよい、と思っていたのである。上下関係の精緻なピラミッドは、海外では底辺が広

がり、頂点が沈み込んで消えてしまったのである。〔ノ〕

農業中心の植民地の形成期には、政治体制として民主制を採るか否かとは関係なく、社会が民主的になる。そうなるのは自然のなりゆきだからであり、人為によるわけではない。しかし、やがて富が拡大して不平等が生まれる。Aとその子どもは働き者なので成功する。Bとその子どもは怠惰であるために落ちぶれる。相当の規模の製造業が成り立つようになってくると、生まれて日の浅い社会の大半は、その成立を保護することで繁栄するようになる。そこで、不平等の傾向はさらに強まる。事業経営者たちは豊かな一団となり、彼らに雇用される労働者たちは貧しい群衆になる。さらに、何世代にもわたる教育の違いから、教養の差が生じる。そこそこの教育を受けた大多数の国民の中に、きわめて高い教養を持った一〇〇〇人ないし一万人の上流の人々が位置するような状態になる。〔ノ〕

理論上は、富と時間的余裕とを有するこの最上層階級が、単なる数の比例から大きく外れる形で、大きな影響力を持つことが望ましい。完全な国制であれば、彼らの優れた考えが、周囲の粗雑な考えに働きかけるような精巧な方法をそなえるようになるだろう。しかし、一般的な見方からすれば、国民全体がここで考察している事例程度の教育水準に達していれば、この点を気にかける必要はない。大規模な社会が、その社会でいちばん優れた思想によって統治されたことは、過渡期を除いてほとんどない。だから、それなりにしっかりした思想によって社会が統治できれば、その成果に十分満足してもよいだろう。望んだことのすべてができたわけではないとしても、期待以上のことができたのである。ともかく、平等主義の政治体制、つまり万人に等しい投票権がある政治体制において、健全な教育が行われて、知識が社会に普及していれば、そういう政治体制は、議院内閣制が成立しうる事例に相当する。この政治体制は、本質的な必要条件を満たしている。選挙を行う能力のある国民が存在し、さらに内閣を選出できる議会が存在しているのである。

しかし、国民の大多数が選挙を行う能力を持たないときはどうなるだろうか。これには、ごくまれな例外を除いて、ほとんどの国が該当する。その場合、どうすれば議院内閣制は成立するだろうか。それが可能なのは、私なりの言い方をあえてするなら、恭順の念を持っている国民にかぎられる。おかしな話だと思われるかもしれないが、賢明な少数者に統治されることを望んでいる無知な多数者を抱えた国民が、現実に存在しているのである。慣習によるものか、選択によるものかは問題ではない。いずれにしても、数の上での多数者が、喜んで、また自分から進んで、一定の選ばれた少数者に対して指導者選択権を委ねている、ということである。多数者は、エリートを支持して自分の判断を放棄する。また、エリートが信頼する人ならどんな人にも服従することに同意する。多数者は、有能でさからえない教養ある少数者を、第二次選挙人、つまり政府の選出者として認めている。優れた政府を選ぶことができ、どの階級からも反対されることのない優秀な人々に対して、多数者は一種の忠誠心を抱いているのである。こういう恵まれた国であれば、議院内閣制を作ることには、はっきりとした利点がある。こういう国は、立法府を選ぶのに最善の国民を擁している。また、そのために、優れた立法府、つまり、有能な行政府を選出できる立法府を期待してもまったく問題ない。

イギリスは、恭順型国家の典型である。ただし、恭順のありようや、そうした国になるまでの経緯はこの上なく風変わりである。中流階級は、教養のある階層の大多数を占める平凡な人々であるが、彼らが、現在のイギリスでは専制的な権力を握っている。今日、「世論とは、乗合馬車の後ろの座席に座っているはげ頭の意見である」[4]。それは、貴族階級ならではの意見、あるいは教養や気品をいちばん身につけた階級ならではの意見ではない。教育は受けているとしても、それでもやはり平凡な部類に属する、ごく一般の人々の意見にすぎない。選挙区の多数者を見てみればよい。彼ら中流階級が、特に興味を引くような人々ではないことがわかるだろう。さらに、選挙区の舞台裏にまで目を向けて、有権者を操作して動かしている人々を見れば、その人々がさらにつまらない人間だということに気づくだろう。イギリス国制は、表面上は次のような形になっている。国民の大多数は、選ばれた少数者に服従している。この選ばれた少数者を見ればわかるように、彼らは最下層階級、あるいは尊敬に値しない(5)階級に属する人々ではないが、しかし、頭の働きが鋭くない階級に属する人々である。仮に横一列に並ばせて選抜を行うとすると、一等国の国民なら、まずはこの人たちから選ぼうということには絶対にならない人々なのである。

事実、イギリス国民の大多数は、実際の指導者ではなくて、むしろ別の存在に恭順を捧げている。大多数の国民は、いわゆる社会の演劇的な見世物に恭順しているのである。豪華絢爛な一行が目の前を通り過ぎる。名士たちの華麗な行列、美しいご婦人方の華麗な姿。富や快楽を示す見事な情景が目の前に現れて、見る者はこれに威圧される。見物人は、想像の中で膝を屈する。彼らは暮らしぶりの違いを見せつけられて、到底かなわないと感じるのである。哲学者たちにはその重要性がわからないかもしれないが、宮廷や貴族社会には、大多数の国民を統治するための偉大な資質、つまり、視覚に訴える力がある。宮廷人は、他の人にはできないことができる。観客が舞台役者と張りあって演技をまねるように、一般庶民が貴族と張りあって、自分自身で貴族の暮らしぶりをまねることがあるかもしれない。しかし、上流社会は、外から見れば、観客よりも役者の方がずっとうまく演じられる舞台なのである。〔ノ〕

国内のどの地域も、この演技の舞台になっている。田舎の人間は誰もが、自分の家が領主様のお屋敷とは別物で、暮らしぶりも領主様とは違っていて、自分の妻も領主様の奥様とはまったく似ていないと感じている。この舞台の山場に登場するのが、女王である。どんな人も、自分の家が宮廷にそっくりだとか、自分の暮らしが女王の暮らしに似ているだとか、自分の指図と女王の指図が同じようだとか思ったりはしない。多くの人々を感服させて、彼らを思いのままに引っぱっていくことのできる魅力的な見世物が、イギリスには存在しているのである。田舎からロンドンに出てきた人が、摩訶不思議な機械仕掛けのものが大々的に展示され陳列されているのを目の前にしているときのように、イギリスの社会構造によって、自分には想像もつかないし、創り出すこともできないし、似たようなものにもほとんど出会ったことがないと感じるような政治的な物事が壮大に陳列されていて、それを自分が目の当たりにしていることに気づくのである。
哲学者たちは、こういうことは迷信だとして嘲笑するかもしれない。しかし、これには計り知れない効果がある。威厳に満ちた上流社会が演じるこの見世物によって、無数の無知な男女が、形だけの有権者たち、つまり都市選挙区の一〇ポンド借家人[6]や州選挙区の五〇ポンド借地人に服従するように仕向けられる。その結果、他人の心に訴えかけたり、他人の視線を惹きつけたり、空想をかき立てたりするような要素など何一つ持たない人々が、服従を得ることになるのである。〔ノ〕
人間に深い印象を与えるのは、知性そのものではなく、知性によって生み出される効果である。そして、その効果の最大のものが、上流社会が織りなす目を見はるような見世物である。それは、いつも新しいが昔のままである。偶然の出来事があっても、その本質は変わらない。今の世代が去っても、次の世代が受け継いでいく。それはまるで、鳥かごの中の小鳥、または巡回動物園の猛獣のようである。永遠の生命を持つ生き物の〔生え替わる〕手脚に喩えてもおかしくないようにさえ思われる。それらは音も立てずに変わっていく。去年までの華やかな生活が、新しい年にふさわしい華やかな生活ぶりへと見事に、完璧に入れ替わる。イギリス国民の表向きの指導者たちは、祝祭の行列を練り歩く主役たちのようである。群衆は彼らに釘づけになる。見物人たちは、彼らに向かって拍手喝采する。ところが真の支配者たちは、二等馬車の中に隠れている。だから、誰も彼らのことを気にしない。彼らについて尋ねる人もいない。しかし、二等馬車の支配者たちは、自分たちの先を練り歩いて、その影で自分たちを覆い隠す光り輝く主役たちのおかげで、絶対的かつ無意識的な服従を獲得しているのである。

想像から来るこうした感情が、政治的な満足感によって支えられているのは間違いない。イギリス国民の大多数は、裕福だとは言えない。上流身分が快適だと言っているものが、どんなものなのかがわからない。また、道徳的に生活するための条件も整っていないし、一人前の人間と見られるような生活を送ることもできない。こんな人々ばかりの階級が存在しているのである。しかし、そうした階級の中でいちばんみじめな人々も、自分自身のみじめさを政治のせいにしてはいない。煽動政治家が、ドーセットシャー(7)の小作農たちに講演をして政治的な不満をかき立てようとしても、成功するどころか石を投げつけられるのが関の山だろう。これらのみじめな人間たちは、議会についてほとんど何一つ知らない。内閣のことなど聞いたこともない。しかし、彼らは「聞いた話だが、女王様はとってもいいお方だそうな」と言うだろう。社会のしくみに反抗することは、彼らの考えでは、女王に反抗することと同じなのである。女王こそが、その社会を支配しているし、その社会のいちばん目を引く部分の頂点に立っているからである。イギリス国民の大多数は、政治的に従順であるとともに、政治的に満足しているのである。

恭順型社会は、社会の最下層階級が知的でない場合でも、どの種類の民主制国家よりもはるかに議院内閣制に適している。なぜなら、恭順型社会は優れた政治的能力との相性がよいからである。そこでは、最上層階級が統治できる。この階級は、最上層であるということから、下層階級よりも、高い政治的能力を持っているにちがいない。労働に明け暮れ、教育は不十分で、同じ仕事を繰り返し、仕事柄、手ばかり動かしてほとんど頭を使っていない人々が、柔軟な思考力や実践的な知性を育めるわけがない。こういう点で彼らは、時間に余裕があって、長年培ってきた教養を持ち、様々な経験を積んで、いつも判断力を働かせ、そうすることで繰り返しその判断力を鍛える生活を送っている人々には到底およばない。他人を尊敬する貧乏人がいる国は、誰も尊敬しない貧乏人だけがいる国よりも、幸福度はずっと低いが、にもかかわらず、もっとも優れた統治を行うには最適の国である。他人を尊敬する国民は、もっとも優れた階級を統治に利用できる。自分の方が他人よりましだと誰もが考えるような国民は、最悪の階級しか利用できない。

恭順の念を持つ国民をつくり上げることほど困難なことはない。それははっきりしている。尊敬とは伝統的なものである。つまり、尊敬は、優れていることが示されているから得られるのではない。古いとわかっているから得られるのである。いくつかの国では、一定の階級が、国民一般から承認されて、政治的に特別な地位にいる。なぜそうなのかと言うと、その階級がそうした地位にずっといたからであり、また、上に立つ人にふさわしいと思わせる一種の華麗な風格を継承しているからである。しかし、新しい植民地では、人間の価値はたぶん同等になる。しかも、その価値や統治の適性を示す伝統的な目印が生まれる可能性はない。だから、政治的な恭順を得るためには、まずはじめに高い教養を持っていることを証明して、次にその教養の政治的な価値を証明するという手順が欠かせない。ところが、教養に乏しい人々が満足するような証明は、なかなかできない。将来、今以上によい時代が来れば、そうした証明ができるようになるかもしれないが、現状では、必要な条件がほとんどそろっていない。たとえ討論の様子がきちんと公開されて、議論が公正な仕方で始まったとしても、理性的な議論に納得した上で教養豊かな少数者の支配に服従するという可能性は、ほとんどない。現在のところ、少数者は大衆の理性ではなく、大衆の想像力や習性を捉えることで支配している。民衆が何も知らない遠い世界の問題については、民衆の空想に訴えて支配し、民衆になじみの生活上の身近な問題については、彼らの習慣を利用して支配しているのである。

だから、国民の大半が無知であるような恭順型社会は、力学で言う不安定平衡の状態にある。この平衡は一度乱されると、原状回復へは向かわず、むしろ原状から離れる方へと向かう。頂点で均衡を保っている円錐は、不安定平衡の状態にある。これをほんの少しでも横から押すと、その円錐は姿勢を保てずますます不安定になって、ついには倒れてしまうだろう。(8) これと同様に、大多数の人々が無知ではあるが尊敬心を持っている社会で、この無知な階級にいったん統治権を認めてしまうと、恭順の念とは永遠にお別れということになりかねない。煽動政治家が、現王朝(民衆)の統治は、倒された王朝(貴族)の統治よりも優れていると繰り返し説いて、新聞がこれを詳しく解説する。民衆というものは、自分に利害関係がある問題について、両方の立場の意見をめったに聞かない。民衆が支持する新聞各紙は、民衆に都合のよい話ばかりを取り上げる。しかも、民衆を代弁する新聞以外に、民衆の耳に届くものはない。民衆が自分たちに対する非難を耳にすることは、決してない。王座を追われた教養ある少数者の支配の方が、民衆の支配以上に立派で、いっそう賢明だったと告げる人は、誰もいない。民主制という政治体制は、恐ろしい破滅を経験しないかぎり、民主制にその座を譲った政治体制に決して戻るものではない。なぜなら、そうすることは、自分の方が劣っていると認めてしまうことだからである。民主制は、ほとんど耐えがたいような厄災にでも見舞われなければ、自分が劣っていることを決して納得できないのである。

第九章　イギリス国制の歴史とその影響——むすび

イギリス国制の歴史について有意義な議論を行うためには、一冊の書物が必要だと思われる。* 優れた著述家がこれに取り組むなら、今後、新たな名著が出てくることだろう。このテーマについて、これまで、最新の研究調査と最高度に鍛え上げられた理論的成果を結び合わせた取り組みは行われてこなかった。ハラム(1)による大著が書かれて以降、政治思想も歴史学もともに大いに発展した。だから、高度になった現在の分析手法を、新たに加わってきた事実に応用する専門的な論文が一つぐらい出てきてもよいだろう。私自身がそうした書物を書けると言っているのではない。イギリス国制史には、際立った点がいくつかあるので、過去に対する関心からも、また現在における重要性からも、まとめて論じておくのもよいのではないかと思われる。

＊〔一八六七年に〕本書の初版が出版されて以降、重要な著作がいくつか出てきた。それらの著作は、国制の初期に大いに光を当ててくれている。とりわけ、スタッブズ氏(2)の『主要文書と実例に見るイギリス国制史——建国期からエドワード一世の治世まで』、フリーマン氏(3)の講義録『イギリス国制の発展』および『ノルマン・コンクエストの歴史』の中のアングロ・サクソンの国制を扱った章が重要である。とはいえ、この文章を執筆していた頃に望んだような、イギリス国制の歴史全体を扱った権威ある大著はまだ現れていない。そうした著作が出てくることを願うばかりである。

文明状態に到達したばかりで荒々しさが残っている国民には、ある一定の共通した政治体制、あるいはその萌芽が見られる。こうした国民は、諮問をして探りを入れる絶対主義とでも言うべき体制から出発したようである。古代の国王は、活気に満ちた国民の中で、現在の専制的支配者のような絶対的な支配者ではなかった。当時は、反乱を抑えられる常備軍がなかったし、不穏分子を探り出す諜報機関も、また国民に従順な生活を送らせるための道筋をつける熟練の官僚機構も組織されていなかった。たしかに当時の国王は、宗教の力によって神聖な存在に高められていた。本来的に別格の人間、他の人間の上に立つ人間であり、聖別された人間、いや神の子ですらあった。しかし、自由を活用する能力をそなえた国民の場合は、この宗教的な支配は決して専制的にはならなかった。たしかに法律による制約はなかった。なぜなら、法律の制約という言葉自体、当時の言い方には翻訳不可能だったからである。現在の私たちの理解では、法とは人間の権威に基づいて課された規則であって、この権威が望めば変更も可能だし、実際にこれまでも変更されてきている。しかし、古代の国民にこうした法観念を伝えようとしても伝わらなかっただろう。彼らにとって、法とは半ば抗いようのない掟であり、半ば神の啓示だった。法とは、「国王の口から出た」ものだった。国王は、ソロモン(4)が下した審判と同じように、個別具体的な事例に則して、天の権威と王自身の権威との両方に基づいて、法を与えた。神の啓示を伝える者に対して、神による制約を加えることは不可能だった。だから、国王の口以外には、法の源泉は存在しなかった。しかし、〔国王には〕法的な制約がなかったとはいえ、〔言ってみれば〕人間本性における異教的な部分、つまり、自由人持ち前の強情さには従わなければならないという実際上の制約があった。彼らは、国王の言いなりには、決してなろうとしなかったのである。

古代の王権は、ギリシアについてはホメロス(5)が書き残していて、その他の地域についても想像できるように、いつも二つの要素が伴っていた。第一に、「元老」と呼ばれる重臣たちの評議会、つまり立法会議《ブーレー》である。国王はこの会議に助言を求め、そこでの討論から、行えることと行わなければならないこととを学ぼうとした。これに加えて、〔第二に〕集会《アゴラ》があった。この集会は、もっぱら〔国王の〕意向を聞くだけの集会だという人もいるが、私は探りを入れるための集会と呼ぶのがいちばんよいと思っている。国王は、形式的には自分の意志を布告するために民衆の集会にやってくるが、実質的には、現代風に言えば、「自分の進路を感じる」ためにやってくる。国王が神聖な存在だったのは疑いようがない。きっと人気もあっただろう。とはいえ、国王は、人気のある首相が威勢のいい議会を前に演説するのと半ば似た状況に置かれる。国王の権威や権限にも限界があった。自分の勅令に対して、参加者の熱のこもった喝采が得られるのか、あるいは不満顔でうつむいたり思案顔で沈黙されたりするのかを試してみて、国王はこの限界を見定めようとした。

この政治体制は、時代や場所を考えてみれば優れたものだったが、致命的な欠陥があった。政府の土台となっている崇敬心を持った人々の集団と、政府の運営に必要な能力とは、それぞれ別の法則に従って継承される。民衆の敬意は、神を受け継ぐ血筋に張りついて離れない。それは世襲によって継承されるものである。しかし、この血筋はまたたく間に、幼少の者や愚鈍な人物、なにがしかの点で欠陥があったり無能力だったりする人物へとたどり着いてしまう。こうして、私たちは、弱体な王権の下で自由は栄えるという古い格言が、どんな場所にも当てはまるのを理解することになる。そうなると、君主の意向を聞くだけだった集会は、不平を漏らすだけでなく、はっきりと主張し始める。さらに、重臣たちの評議会が、〔君主に対して〕提案するのをやめて熱心に説教するようになり、助言を与えるというよりも命令を下すようになる。

グロート氏[6]は、ギリシアの自由な都市国家が、初期の王制の付属物〔重臣の評議会と民衆の集会〕からどのようにして生まれ、それらがどのように徐々に発展したのか、つまり、評議会が拡大して寡頭制国家になる道すじと、集会が拡大して民主制国家になる道すじとを詳細に論じた。こうした歴史は、ギリシアの都市国家間に見られるように、細かな点で異なるところが多いとしても、その本質はどこも同じである。古代ギリシアと古代ローマの政治的な特質は、君主制での世論を探る触手が生長して、共和国の諸機関を発展させたところにある。

イギリスの歴史も、実質的には古代ギリシアや古代ローマと同じだった。ただし、形式面で違いがあり、また、発展が緩慢で長い時間がかかった。ずっと大規模だったし、要素もいっそう多様だった。ギリシアの都市国家は、はやばやと、王を追放してしまった。なぜなら、熱意のある饒舌な大衆が、毎日のように詮索したり絶えず批判を繰り返したりしたので、そうしたことに君主の政治的な神聖性が持ちこたえられなくなったからである。ギリシアでは、どんなところにも奴隷がいたが、まったくの無知で知性の影響が及びようのない彼らは、〔政治の〕埒外に置かれていた。〔／〕

それに対して、イングランドは、相当な規模の王国として出発した。そこには、いろいろな氏族が住んでいた。そのうちのどの氏族も、淡々と〔王権を〕批判することなど到底できなかった。それどころか、誰もが王権に対する迷信に浸っていた。しかも、初期のイングランドでは、王権は迷信の対象以上のものでもあった。分裂し武装している短気な国民を押さえ込んでおくためには、非常に強力な政府が必要だったのである。だから、政治的発展の問題は扱いにくいものだった。同質的な国民の中にある自由な統治であれば、強力な政府を持てるだろう。しかし、移行期においては、つまり、共和制が発展過程にある一方で君主制が衰退過程にある時期には、政府はどうしても脆弱なものにならざるをえない。政治組織がいくつかに分裂しているので、行動に力強さが欠けて弱体化することになる。イギリス国民の各身分は、それぞれに進歩を遂げてはいたが、その度合いはまちまちだった。中世以降、上層階級の状態は、非常に大きく変化し、しかも、その変化はすべて進歩だった。ところが、下層階級は、ほとんど変わることなく、多くの人が論じているように、改善した面もあったが、重要な部分では劣化してしまった。それで、イギリス国制の発展は、必然的にゆっくりとしたものになった。急激な発展は政府を破壊し、国家を破壊することになっただろうし、いちばん数の多い下層階級がほとんど変化しなかったので、制度面の急激な変化に対応する準備ができていなかったからである。

私には、ノルマン・コンクェスト以前の時代について論じる用意はない。また、アングロ・ノルマン時代(7)の制度の性質がどんなものだったのかについては、おそらく正確なことはわかっていない。少なくとも、そのほとんどすべての出来事について、これまで様々な論争が行われてきた。ウィッグもトーリーも、政治に熱狂する人々は、自説に有利な理想像を過去に見つけようとしてきた。社会状態が混沌としていて、人々の恣意や偶然の事件によって先例とされるものが変わってしまうような状況だったので、巧妙な弁護論が支持を得る余地が大いにあった。〔ノ〕

しかし、ここで私が論じようとする内容は、まったく単純明快なものである。〔ノルマン〕王国にはすでに、大「評議会」があった。ここに国王が召集したのは、イングランドの有力者や、自分に助言を与えてほしいと思った人々や、どんな意向なのかを強くたしかめたい人物たちだった。はじめに召集されたのがどんな人たちだったのかということは、正確にはよくわからないし、重要なことでもない。「議会内の大評議会」と「議会外の大評議会」とをわけて考える必要もないと私は思っている。(8)ともかく、イングランドの君主が召集した主要な諸会議が少しずつ明確な輪郭を持つようになって、現在見られるような貴族院と庶民院という形に整備されていったのである。しかし、両院の実際上の性質は、現在とはまったく違っていた。今日の議会は、統治のための組織である。他方、中世の議会は、言わば表明のための組織だった。その役割は、行政府を担う国王に対して、国民が何をしてほしいと思っているのかを伝えることだった。新たな知恵が、多少は国王を導いたし、新しい事実が出てくれば、それがかなりの程度、国王を動かしていた。この新しい事実とは、議員たちの感情のことだったが、それはまた国民の感情でもあった。議員たちは、国民の中枢部分だったからである。このような議会から国王は、国民が我慢できるものやできないもの、つまり、自分が行ってもよいことそうではないことを学んだり、学ぶ手立てを得たりした。もし国王が議会の感情を大きく読み違えてしまえば、反乱が起こった。

周知のように、イギリス国制は大きく三つの時代に区分できる。第一に、前テューダー期(9)である。当時のイギリス議会は、非常に強力で強大な権限を保持しているように見えた。王位継承権は確定していなかったし、また、君主の中には愚か者もいた。〔王位への〕野心を抱いていた多くの人々が、「民衆を味方につける」ことを望んでいた。こうして、何世紀か後に自由の時代が実際に到来すると、この時代のいくつかの先例が非常に大きな権威をもって引用されることになったのである。ところが、この急激な成長が原因になって、突然、衰退が始まった。成長を助長した混乱が、今度はそれを破壊した。〔ノ〕

当時の社会構造は封建制だった。都市は付け足しにすぎず、添え物(10)でしかなかった。民衆側の主な勢力は、貴族の勢力だった。彼らはジェントリやヨーマン(11)と協力して動き、忠誠を誓った家臣たちの信義に支えられていた。この勢力の先頭に立ったのは大貴族たちだった。この勢力が力を発揮できるかできないかは、彼ら大貴族にかかっていた。ところが、大貴族たちは自滅してしまった。「赤バラ」か「白バラ」、どちらかの味方になったり、両者のあいだを行ったり来たりした大貴族たちは、年々、困窮して数も減り、非力になっていったのである(12)。この大戦乱がボズワース(13)で終結したとき、軍事に長けた有力大貴族のほとんどが消滅していた。精力的で野心にあふれた裕福な貴族たちが内乱を起こしたのだが、その内乱で彼らは滅亡した。やがてヘンリー七世が王国を打ち立てた。議会のある王国ではあったが、君主に助言はできても、〔君主に対する〕統制力を持った議会ではほとんどなかった。

フランスの思想家たちは現代フランス政治を諮問型と呼んでいるが、前テューダー期の諮問型政治との類似点はほとんどない。フランス帝政が、自分でそう呼んでいるだけのことだと私は考えている。フランス議会は、形だけ整えた「まがい物」である。[14] フランスの議会選挙は、〔形の上では〕普通選挙制と秘密投票制で行われ、またその際の選挙区は、以前に平等性を意識して区割りが行われたもので、まだ見かけ上は平等性を残している。ところが、当時のイギリス議会は形を整えない議会だった。なんとか選挙らしきものが行われたが、州長官は、都市選挙区に対して、かなり好き勝手に選挙令状を出すことができた。つまり、ある程度まで、有権者を自分自身で選ぶことができたのである。都市選挙区では、選挙権の激しい奪い合いが生じた。その結果、支持者の数が多いか少ないかに関係なく、その地域でいちばん強力な党派が、選挙権を獲得することになった。〔／〕

とはいえ、当時のイングランドでは、国民の意見を知りたいという明確で強い願望があった。なぜなら、国民の意見を知る現実的で切実な必要があったからである。国民には、何かをすることが求められていた。場合によっては、戦争の際に君主を援助したり、〔君主が〕昔作った借金を肩代わりすることが求められたし、危機的な事態が生じたときには、兵力と資金面で貢献することが求められた。まがい物の議会があっても、前テューダー期の国王たちには役に立たなかっただろう。そういう議会では、国王たちは、ただ一つの触覚、つまり、国民の世論を見いだすための唯一の道具を失うことになっただろう。〔ノ〕

また、国王たちは、そういう議会を望んだとしても、作り出すことができなかった。それを作る道具は、中央集権化した政府である。ところが、当時は、地方の意見を取りまとめて中央の要望とすりあわせを行う〔フランスの〕知事のようなものは存在しなかった。現代の理論家が中世の選挙を見れば、当時の議会は有力なイングランド人たちの「偶然」の集合にすぎないと言うだろう。正確な言い方を求めるのであれば、こういう言明には、訂正や限定をいくつも加える必要があるだろう。しかし、この言明自体は、当時の議会における主要な長所を正確に言い当てている。中世の議会は、イングランド人の「偶然」の集まりではないとしても、「場当たり的に」かき集められた集団ではあった。政府がこういう集団を作ったわけではないし、作れたわけでもない。議会は、善意《ボナ・フィデ》の相談役だった。賢明な意見を述べる場合も、そうでない場合もあったが、ともかく非常に重要なものだった。なぜなら、目の前にある問題を処理するには、議会の協力が必要だったからである。

当時の議会にとって、積極的な権力行使としての立法は重要度がきわめて低かった。現在知られているかぎりでは、リチャード一世(15)の時代に成立した議会制定法は、一つもなかったと思う。前テューダー期の法律のすべてを足し合わせても、立法を必須とする現代に生きる議会関係者には、非常に少なく見えるだろう。しかし、法に関する議会の機能は消極的なものだという理解が、当時の考え方全体の中で中心的なものだったし、法律を使うすべての部門で流通していたものでもあった。国王は、国民の賛否を確認しなければ、当時は神聖な神の賜物だったコモン・ローを変更できなかった。このことは、「探りを入れる」タイプの政治体制にとって本質的な要素だった。当時は、新規の立法は、例外的で異例の行為だと思われていた。だから、国王がそれを行うときには、他のあまり重要ではない法案と同じように、自分が進むべき方向性を感じ取る必要があった。もちろん、立法を最終的に行うのは国王だった。貴族院と庶民院とに諮問した後で、国王は法律を制定した。国王の言葉には聖性があり、法にたしかな神聖性を与えた。しかし、その国王でも、国民の日常生活を定める規則を変えるには、国民に諮った後でなければならなかった。諮らずに変えるようなことがあったなら、国民は服従しなかっただろう。なにしろ、当時は現在と違って、誰も内乱を恐れない野蛮な時代だった。〔〕

いちばん重要な制定法で数が多かったのは、（この事実自体がきわめて特徴的であるが）宣言型の法律である。つまり、国王たちが固有の権威に基づいて公式に言明したことは、この法律に従って今後こうせよという命令ではなく、こういう法律があるのだということの布告で、それに注目させることがねらいだった。新たな義務を命じるのではなく、昔からの慣習を、〔改めて〕宣言したのである。「大憲章」(16)の場合でさえ、新たな法の制定という考えは、あまり重要ではなかった。これは、古い法律と新しい法律の壮大な混合体だった。移り変わる慣習の中で疑わしくなったものと、繰り返し制定された法とを整理する一種の協定だった。たとえて言うなら、年に一度境界線を巡回して、廃れてしまいそうな権利や要求を再度はっきり示して、新たに生じた障害を取り除くといったことを行ったのである。実際、こうした重大な「諸憲章」はむしろ、様々な身分間や党派間の協約だった。つまり、私たちの常識で考えるような法ではなくて、古来の諸権利、あるいは権利と主張されてきたものを確認するためのものだった。これらは、時代ごとに確認されたり再確認されたりした中世社会の「債務整理証書」だった。主要な論争は、もちろん、国王と国民とのあいだのものだった。国王は、自分の行為を国民がどこまで許容するのかを見てとろうとした。国民は、不満を表明したり強硬に反対したりすることで、政府の行動をどこまで抑えることができて、また政府の要求にどこまで抵抗できるのかを見極めようとした。

マグナ・カルタは「課税権を自由の楯に変える」ものだった、とサー・ジェイムズ・マッキントッシュは言っている(17)。しかし、マグナ・カルタは、そんなことはしていない。自由は、マグナ・カルタ以前から存在していた。課税をめぐる権利は、自由の開花と自由がすでに存在していたことを示す一例であって、自由の土台でも原因でもなかったのである。課税の前に大評議会に諮問する必要があるという原則、つまり、君主に支出の許可を与える前に、まず議会による不満の表明が行われなければならないという原則は、前テューダー期に存在していた根本原則をはっきりと示した例にすぎない。国王は国民の援助を常時必要としていたので、どんなことを行う場合にも、国王は事前に大評議会に諮問しなければならない、というのがその根本原則である。国民が自分たち自身に課税する権利が、「偉大な協約〔マグナ・カルタ〕」の中に入れられたのは当然のことだった。とはいえ、国王がこの協約を認めるように強制する武力と貴族の結束がなかったら、これは空文と化していただろう。つまり、この協約は、自由の結果であって、その基礎ではなかった。その一例であって、原因ではなかったのである。

長年の内乱〔バラ戦争〕が、(そう言ってよいなら)昔の評議会の息の根を止めた。つまり、有力議員たちを出していた大貴族の四分の三が滅亡し、小貴族やジェントリは疲弊し、それまで君主に対する効果的な抵抗の基盤になっていた貴族の団結が瓦解したのである。

イギリス国制の第二期は、テューダー家が王家となったときに始まり、一六八八年まで続いた。この時期は、実質において、新たな大評議会が成長、発展し、少しずつ優越的な立場を獲得していく歴史だった。ヘンリー八世期の隷属的な議会がエリザベス期の不平不満議会に変わり、ジェイムズ一世期の抵抗議会となって、チャールズ一世の反乱議会へと至った。こうした多くの段階を経て進んでいった歴史は、誰にもなじみ深いものであり、私が今、改めて語る余地はないし、その必要もない。たしかにいくつもの段階があったが、その推進力は一つだった。つまり、それは、いちばん広い意味でのイギリス中流階級の発展であり、プロテスタンティズムの影響を受けた彼らの活力だった。宗教の教義に後押しされなければ、政治上の主義主張だけで、君主に対するあれほどの抵抗は起きるものではない、とマコーリー卿は言っているが、この指摘の正しさを疑う人はいないと私は思う。〔／〕

もちろん、イギリス国民は〔第二期〕初期のテューダー朝の国王たちや女王たちの望み通りに、カトリックとプロテスタントのあいだを揺れ動いた(プロテスタンティズムには、いくつもの細かな相違や分派があることは言うまでもない)。しかし、これはピューリタン時代以前のことである。イギリス人の大多数は、ちょうどフーパー(21)が父親について「プロテスタンティズムを信じることもできなかったし、かといってこれを嫌がっているわけでもなかった」と述べているように、信仰を決めかねている状態にあった。しかしながら、(現在の言葉を用いるなら)強力な福音主義的精神と、さらに強力な反教皇精神とが中流の人々に少しずつ入り込んで、イギリス人が常に持ち続けてきた気力や剛胆さや実を追求する性質に、それまでの彼らに欠けていた理想主義的な情熱と活気とを加えた。〔／〕

クロムウェルがイギリス国制の基礎を固めたと言われるゆえんはここにある。もちろん、表面的には、クロムウェルの事業は彼とともに滅んだように見える。彼の王朝は受け入れられなかったし、彼の共和国は廃棄された。しかし、他の誰よりも強くクロムウェルに宿っていた〔福音主義の〕精神は、この国から姿を消すことは決してなかったし、また決して力を失ってしまうこともなかった。この精神を持つ人々は、イギリスの中で、ときには休火山のようになったり、ときには大噴火を起こしたりする勢力になった。チャールズ二世は、どんなことが起きてももう旅には出ないと言った。[22] ウースター[23]で直接対峙した人々はもう死んでしまっていたかもしれないが、それらの人々を燃え上がらせた〔福音主義の〕精神は、別の人々の中になお若々しく生きていることを、〔カトリックのシンパだった〕チャールズ二世はよくわかっていたのである。

ところが、クロムウェルの共和国と厳格なピューリタンの信条は、ほとんどのイギリス人から徹底的に嫌われた。これらは、あえて言うなら、フランスやその他の国の「赤」の要素に似ていた。イギリス全体の中で唯一の革命的勢力であり、そのために嫌われたのである。この勢力は、自分たちだけではほとんど何もできなかった。実際、彼らが姿を現しただけで、洗練されて察しのよい階級ばかりでなく、穏健で鈍感な階級までもがおびえ、彼らと距離を取った。ピューリタンの勢力だけでは、硬い粘土のようなイギリス人の無感動な本性を前にして、何もできなかった。しかし、溶岩のようなこの一団は、ときが来れば噴火する口実を持ちながら静かな大地の下に身を隠すことができて、この一団に節度や教養をそなえた階級や貴族階級が加勢する状況が生まれると、これらの階級は、この一団を利用して勝利を得ることになるだろう。また、そうなった後も、この一団は彼らを隠れ蓑にすることができるだろう。

　こうしたことを行う口実が、一六八八年に見つかった。ジェイムズ二世は、信じられないほどの愚かな行為を押し通すことで、自分の父親〔チャールズ一世〕に敵対して戦った諸階級だけでなく、味方として戦ってくれた諸階級をも怒らせた。ジェイムズ二世は、ピューリタンの諸階級ばかりか、国教徒の諸階級の気持ちも逆なでした。つまり、非国教徒のブルジョワだけでなく、ウィッグ貴族全員とトーリー貴族の半分の気持ちまでもである。こうして、従来から王権と対立していた勢力と従来は王権を支持していた勢力とが力を合わせることになり、それによって、〔名誉革命が起きて〕議会支配が確立されることになった。ところが、〔議会支配という〕この成果は、長いあいだ、弱体のままだった。名誉革命は最小限度の革命と呼ばれてきた。せいぜい王室を、法律の上で変更しただけのものだったからである。しかし、まさにそのために、名誉革命は一般の民衆に最大の衝撃を与えることになった。というのも、民衆の目に映っていたのは王室だけで、それ以外のものは何も見えていなかったからである。大貴族たちの〔新しい王室に対する〕支援が、恭順の念を持った様々な階級の大部分をまとめたが、そのまとまりは不完全で不安定なもので、仕方なく加わった人々もいた。素朴な偏見を持っていた膨大な多数者は、長年にわたって、旧王室支持と新王室支持のあいだを行ったり来たりした。ステュアート家から有能な人物が出てきて、誰もが納得できる誠意を示し、プロテスタントの信仰を告白したとすれば、もしかしたらハノーヴァー家から王位を取り戻すことになっていたかもしれない。世襲の王位継承権に対する崇敬心は生得のものであり、そこまで強かったのである。イギリスの政権は、ジョージ三世が即位するまで、王位継承の絶え間ない争いにいつも振り回されていた。

これが、ここまで長々と論じてきたことの結論であるが、これこそ、もっとも強調すべき点なのである。なぜなら、本章全体の主題〔イギリス国制の歴史〕の肝心要《かんじんかなめ》な部分だからである。イギリス国民の多く――とは言っても、比較的上流のかなりの教養を持っている部分――は、立憲的な政治の本質を理解するようになっていたが、一般大衆はそうではなかった。一般大衆の見方では、君主が政府であり、君主だけが政府だった。彼らは、貴族の魔力、とりわけウィッグ大貴族とその周辺の人々の影響力に導かれていた。こうした助けがなければ、理性や自由といったものが彼らの心を捉えることは決してなかっただろう。

議会による支配は、一六八八年に疑いようもなく確立したが、支配の行い方は、これ以後変化してきた。当初、議会には支配をどのように行ったらよいかがわからなかった。政党組織や政党による内閣の任命は、マコーリーがきわめて巧みに論じている通りに発展してきた。ごく最近まで、閣僚の人選に関して、君主は非常に弊害があると思われるほど干渉するものだと考えられていた。ジョージ三世はとうとう一八一〇年に精神的な異常をきたして、ジョージ四世が摂政として国王の権限を持つことになった。摂政はパーシヴァル氏(24)の内閣を罷免した後に、グレイ卿かグレンヴィル卿(25)といったウィッグの指導者に政権を担当させるだろう、と誰もが思っていた。トーリー政権は、ナポレオンとの生き残りを賭けた戦争を勝ち進めていた。国民は、そうした状況下で政府を変える必要はないことがわかっていたが、だからといって、ジョージ四世はウィッグだという思い込みを捨てることはできなかったのである。〔ノ〕

たしかにジョージ四世は、フランス革命以前はウィッグだった。当時彼は、セント・

ジェイムズ街で、口に出すのも憚られるような生活をフォックス氏と送っていた。[26] しかし、グレイ卿とグレンヴィル卿は厳格であり、不道徳な影響を与えるような人物ではなかった。摂政も、かつては自由主義的な意見を持っていたが、彼も(他の人々と同じく)「恐怖政治」[27]に震え上がって、すでにそうした意見を捨ててしまっていた。どこかの君主の言葉に従って、「王党派になることで生きながらえよう」と考えたのである。すぐに明らかになったことだが、彼は、パーシヴァル氏の留任を強く望んで、ウィッグ貴族たちと懸命に争った。周知のように、彼は政権の座に就いていた人々に引き続き政権を任せた。しかし、彼がこの時点で内閣を交代させることができるという考えが〔国民に〕あっても不思議はなかった。このことは、議会が専断的に活動できるという考え方が、実際にどれだけごく最近のものなのかということを示す重要な一例である。

以上、おおまかな議論ではあるが(他にも論ずべきことはあるが紙幅もないし、またその必要もない)、イギリスでは、様々な闘争の段階を踏むことによって、ギリシアの都市国家では外見と内実の双方にもたらされた変化が、外形には生じずに実質面だけで生じた。イギリスでも、君主制に付随していた制度が共和制の本質的な部分へと転化してきている。ただし、イギリスにかぎって言うと、かなり多数の異質な人々が政治に関わっているので、新しい実体を密かに招き入れながらも、古来の外観を保っておく必要があるのである。

この長く一風変わった歴史は、現在のイギリスの政治状況のほとんどすべてのところに痕跡を残している。その影響は、現在もっとも重要な論争の多くに及んでいる。そうした影響が正しく認識されていないために、論争の多くが誤解に基づいたものになっている。

イギリス国民のもっとも奇妙な特徴の一つは、行政府に対する嫌悪である。私たちはこの点で、アメリカ人のような「真の近代的国民《アン・ヴレ・プープル・モデルヌ》」ではない。アメリカ人の考え方では、行政府とは自分たちが任命した代理人たちの一部である。だから、行政府が日常生活に介入してくる場合は、主権者である国民の委任によってそうしているのだということになる。国民が自分自身に対して干渉するのだから、そこには自由の侵害や放棄はない。フランスやスイス、また一九世紀の空気を十分に吸っている国民はどの国民も、同じように考えている。現代の物質的環境が強力な政府を必要としている。そうした政府を持たない国民は、それを持っている国民のようには、清潔で健康的で活気のある生活を送ることができない。定義上、自由な国民を自称している国民は、政府に対する警戒心を持たない。なぜなら、自由が意味するのは、その国民が、つまり国民の中で政治に関わっている部分が、政府を掌握していることだからである。〔／〕ところがイギリスでは、歴史のせいで、国民感情が正反対のものになってしまった。イギリス人の自由は、何世紀にもわたる〔政府への〕抵抗の結果得られたものである。抵抗は、多少合法的に、または多少非合法的に行われたもの、いくぶん大胆に、またはいくぶん怖じ気づきながら行われたものと様々だった。こうして私たちは、闘争の伝統を受け継ぎ、勝ち取ったものを余すところなく維持している。〔／〕

　イギリス人は、国家の行為を、自分自身の行為ではなく、自分たちとは疎遠な人間の行為と見ている。さらには、自分たちのいろいろな願望の集大成ではなく、外部から押しつけられる圧政と見ている。思い出されるのは、一八五一年の国勢調査(28)である。私は、あるとても聡明な老婦人が、「イギリスの自由はこれでお終《しま》いです」と言っているのを聞いた。政府がこんなふうに尋問のようなことをして、お前の家で寝泊まりしているのは誰か、お前の歳はいくつだなどと質問するようになったら、次にどんなことを聞かれ、どんなことを始めるのか知れたものではない、というのである。

　イギリス人の生まれ持った衝動は、権威に抵抗することである。だから、有能な警察官の採用は歓迎されなかった。私の知っている、たしかに年配と言える人たちには、今日でも、こうした警官を自由の侵害でありフランス憲兵隊員の真似事だと見なすような人たちもいる。警察制度を創設した際[29]に、現在使用しているヘルメットを導入していたなら、この制度が成功していたか疑わしい。軍事的専制だという批判がわき起こり、イギリス国民の持ち前の反抗心が広がって、最近やっと出てきた完全な平和と秩序に対する愛着を圧倒してしまっていたかもしれない。〔／〕

政府とは自分たちの外部にある機関だという古臭い考えが、いまだにイギリス人の想像力を支配している。しかし、これはもはや真実ではない。冷静になってきちんと考えれば、それくらいはよくわかるはずである。こうなっているのは、単にイギリスの歴史のせいばかりではない。歴史だけが原因なら、克服する余地はあった。とはいえ、イギリスの歴史がもたらしたいろいろな成果も、原因の一つではある。イギリスの二重政府が、多くの国民にこうした考えを持たせているのである。政府に対する反感を強めたい場合には、王権に対する警戒を引き合いに出す。なぜなら、王権が国制の本質に非常に深く組み込まれているからである。国王とは、国民から任命された代理人だと法が定めていて、事実としてもそうなっている。それにもかかわらず、非常に多くの国民がこのことを認めたがらない。それで、国王大権は民衆に由来するものではないから信じてはならないと論じることが、〔政府に対する反感の〕強調にうまく役立つ修辞的な言い方になるわけである。イギリス政府は、統治構造の本質部分そのものが原因で、スイスやアメリカとは違って、国民に歓迎され信頼されることがないのである。

ここまで述べてきたイギリスの歴史とその結果から、多くの外国人にとって理解しがたい「地方政府」に対するイギリス人の寛容の態度も出てくる。地方のこうした拠点は、王権との闘争を支える支柱としての役割を果たした。初期の議会では、州選挙区や都市選挙区といった地方の諸団体が議員を送った。こうした方法を採ったので、また地方団体の空気が自由だったため、議会もまた自由だった。活発で実体のある地方団体が代表を送っていなかったなら、地方団体は弱体なままだっただろう。このことが、イギリスの昔の選挙権があれほど多様だった理由に他ならない。政府は、各都市でいちばん有力であればどんな人であれ、そういう人々が代表を送り出せるようにしていたのである。政府は「自然淘汰」のような試練を選挙区に課した。各地方で選挙を行えるほどに有力な団体であればどんな団体でも、代表者を送れるようにしたのである。〔／〕

のちに内乱〔ピューリタン革命〕の時代に入ると、ロンドンのような地方自治体の多くは抵抗の重要な拠点となった。ロンドンは、典型的で目を引く例である。今日でも、教養ある人たちがほとんど好意を寄せない自治体としては、おそらく、ロンドンに及ぶところはない。こういう人たちにとってロンドンと言えば、昔ながらの腐敗を今もそのまま残していて、いい加減な会計でありながら巨額の財政収入があり、昔からの窮屈なやり方で首都行政の動きを取れなくするようなしくみを抱えていて、いまいましい無数の教区が残存し、金ばかりかかる無駄な機関を多数維持している自治体である。パリを上品で華麗なところにしているすべてのものがロンドンという自治体には欠けている、との非難は正しい。ロンドンをみすぼらしく猥雑な都市にしている多くの問題を非難することも正しい。そうであっても、やはり、ロンドンという自治体は何世紀ものあいだイギリスの自由の砦だった。ロンドンには、他の地域には見いだせないほどの活力と生命力があった。議会のそばにあり団結していたこの首都が積極的な支援を行うことで、そうした活力と生命力が長期議会(30)に供給された。長期議会の指導的な愛国者たちは、シティを隠れ蓑にした。さらに、「長期議会の議員」になるための最短の道は、ギルドホール(31)の委員会に入ることだった。この委員会の委員は誰でも、「出席すれば議員選出権を持つことができた」。ジョージ三世の時代になると、シティは民衆の意見を集約する有益な中心地になった(32)。ロンドンでも、他の地域と同様に、イギリスの政体を構築するための足場が組み上げられたのである。

たしかにトクヴィルは、この問題について、イギリス人は歴史的な事情でそうなったというだけではなく、政治的に賢明でもあったからそうしたのだと主張したものである。彼は、自治体崇拝とでも呼んでいいものの開祖になった(33)。フランスでは、国民に組織を自力で形成する能力がほとんどない。どんな問題も知事に持ち込まれ、知事はあらゆる活動で音頭を取らなければならない。こういう国の孤高の思想家〔トクヴィル〕が、〔イギリスの地方自治の〕弊害を知っていたとしても、また、それを大げさに言うのを避けたとしても、逆に自分が知らなかったことについて誇張したとしても、無理もないことではあった。しかし、イギリスのように、実務的な雰囲気が強く、どんな職権乱用問題に対しても監視委員会を設けることができ、どんな救済策についても実施検討委員会を設けることができる国の場合はどうだろう。しかも、トクヴィルが注目した点だが、こうしたことを政治教育としてやってのける国の場合はどうだろうか。こういう国では、権限を地方機関にどこまで委譲し、中央政府にどこまで残しておくかを思い悩む必要はない。私たちは、地方自治から学べることは学んでしまったのである。もうその課程は修了したのである。私たちはもうすっかり大人になったのだから、子どもじみたものは捨ててしまってよい。

これまで述べてきたのと同じ原因〔イギリスの歴史とそれがもたらした結果〕は、イギリスの政治体制における無数の変則的なものをも説明してくれる。イギリス最高の批評家たちの中には、そうした変則的なものが気に障って仕方ないという人もいるが、彼らの嫌悪感には、私は正直言って、まったく共感しない。立派な専門的教養があるために、あらゆる物事を美的な側面から見るようになっている人々が、こんな奇妙きてれつな変則を見て後ずさりするのは当然である。しかしまた、政治制度の分析に慣れている人々が、こうしたことに多少愛着を持って関心を寄せながら注目することも当然である。そういうものからも、学ぶことがあるかもしれない。政治哲学は、依然としてかなり不完全である。それは、政治や国家に関する規則性のある見本を観察することで作り上げられてきたものである。だから、そういう事例についてなら、今ある政治哲学も非常に役に立つ。しかし、これではデータとして不完全だということは、肝に銘じておかなければならない。得られる教訓は、基本となる前提に当てはまる場合には正しいが、そうでない場合には、教訓は間違っているかもしれない。政治的な変則は、医者にとっての希少な病症と同じく、物事を深く考える政治家には「興味深いケース」なのである。一般的な事例から得られる教訓は学び尽くしてしまったが、変則的な事象が教えてくれることも、まだあるかもしれない。だから、私としては変則を声高に批判する人々に与することはできない。急ぎすぎてかすかな香りを捉え損ねたために、見つけていたら喜ばしく思ったはずのものを見失いたくない、と私は考えている。

しかし、以上の話は但し書き程度のもので、イギリス国制が奇妙な変形に満ちていること、それらの変形は障害となったり問題を起こしたりするので除去すべきだということを私は認めるし、またそう主張もする。イギリスの法律を見ていると、都市の郊外にある街路のことがしきりに思い出される。この街路はどういう経緯でここまで勝手放題に蛇のように曲がりくねることになったのか、いつまで考えてもわからない。そしてやっと、草に覆われた昔の田舎道の跡に沿って家が建ち並んで、こんな街路になったのだろうという答えに行き当たる。そのままもっと歩いて行くと、今も残る野原に行き着く。そこで街路の完成はまだ途中だということがわかるのである。イギリス国制の輪郭もこれと同様に、人口が少なくて、人々の欲求もあまりなく、習慣も単純だった古い時代に描かれた。その後、文明が発展して、危険が増え社会も複雑になり、様々な娯楽も生まれたが、イギリス人は、そうした国制の輪郭に、表向きは執着しているのである。多くの事例の中に見られるこうした多くの変則は、国制をめぐる攻防の跡を示すものである。でたらめなように見える境界線は、今は亡き闘士たちの力に応じて引かれた。後続する世代は、別の場所で戦った。引き分けの結果として引かれたために、ためらいがちに引かれたように見える境界線も残ったが、後には永続的な境界を示すものとなった。

イギリスには二重政府が存在し、無数の偶然的なものがこれに付随している。そうした外見上の異様さの半分は二重政府に由来するものとして、しばしば批判されている。しかし私は、二重政府を変則と見なしていない。外見上の国王大権と実際の統治を行っているダウニング街との共存は、イギリスのような国に、また現代のような時代にちょうどふさわしいのである。*

＊イギリスの実際の政府はとてもうまく隠されている。だから、「ダウニング街」までやってくれと御者に言っても、たいていは、そんな場所は聞いたこともないという答えがきっと返ってくる。御者はどこへ連れて行けばよいか全然わからなくて途方に暮れるだろう。現代のイギリスは、「偽装された共和国」(34)に他ならないのである。

第二版の序文(1)

〔I〕

生きている国制、つまり実際に働いて力を発揮している国制を描写しようとする著者の行く手には、大きな困難がある。その困難は、描写の対象が絶えず変化しているということにある。歴史叙述を行う人は、こういう困難を感じない。過去だけを扱えばよいからである。当の国制については、叙述を始めた年にはこれこれのように働いていて、叙述を締めくくる年にはこれこれのように違った働きをしていた、と書けばよい。明確な時点で書き始めて、明確な時点で書き終えればよい。〔〕

しかし、同時代を扱う書き手は、自分の目の前にあるものを描こうとするため、困惑し途方に暮れる。目にしているものが、日々変化しているのである。書き手は、ある時点で見えているものを、そのまま描かなければならない。そうしないと、実際には同時に並存していなかった物事を並べて描いてしまうことになる。生きた統治構造を扱う著者には、困難はいっそう大きくなる。当然のことながら、他の生きた統治構造でもっとも重要なものとの比較を行うが、それもまた変化しているからである。描写の対象がある方向へ変化していくし、〔比較の対象にしている〕描写の材料は、おそらく別の方向へと変化していく。〔ノ〕

この困難は、本書の第二版を準備しているときに、絶えず私の前に立ちはだかった。本書の記述は、一八六五年から一八六六年にかけての当時のイギリス国制を対象としている。大まかに言うと、書かれているのは、パーマストン卿時代の国制の動きである。それ以後、多くの変化が生じてきた。一部は精神面での変化であり、細かな部分での変化もあった。これほどの短期間に、ここまで多くの変化が生じることはめったにない。パーマストン時代の風景を用いて、現在の風景を描くとしたら、多くの点で事実に反することになる。また、七年前の風景を描くのに現在の風景を用いたとしても、風景がぼやけて、当時についても現在についても実際とは違ったものになってしまっただろう。

こういう場合、いちばんよい方法は、はじめに描いた本質的な要素のすべてをそのまま残して、イギリス国制や比較対象にした外国の国制にその後生じた変化を、重要だと思われる点にかぎって手短に叙述することだと思う。本書では、執筆当時存命中の人物や当時起こっていた出来事についていろいろと論じたが、これらについても慎重に考えて、そのままにしておいた。そうすることで、いつの時代の話なのかについて読者に注意を促すことになるし、読者が類似の出来事の日付ととり違えなくてすむことになるだろう。イギリス国制やその競争相手である各国の諸制度に生じた変化について、話を進めよう。

一八六七年に行われた選挙法改正の影響について評価を試みるのは、まだ早すぎる。この改正で選挙権を与えられた人々は、自分たちが持つことになった権力がどんなものなのかをまだ知らない。たった一度の選挙(2)では、新しい有権者たちが、これからどのようにその権力を行使するかはわからないし、これがどんな権力なのかという点を彼らにきちんと説明することも十分にはできていない。一八三二年の選挙法改正も、実際の結果が判明するまでには長い年月がかかった。一八三六年の時点で、一八三二年の選挙法改正の結果について誰かが論じていたとしよう。その論者が改正の結果を肯定していたにせよ否定していたにせよ、改正に対する評価が過小だったにせよ過大だったにせよ、確実に言えそうなのは、結果そのものの理解が間違っていた、ということである。国民のすべてが昔の国制の下で育ち、政治家たちもまたその下で修練を積んできたような状況では、新しい国制がもたらす結果はまだ十分には生じていない。新しい国制の成果が本当に検証されるのは、以前の経験に引きずられることのない政治家や国民によって、その国制が運用されるようになってからのことである。

事実、今回の選挙法改正については、特に次の点で間違って評価してしまいそうなのである。最近、この国の政治に大きな変化があったことは否定しようがない。「もはやパーマストン邸のレンガ一つ残っていない」と世間で言われている。(3)一八六五年以後の変化は、一つの点ではなく、数多くの点での変化である。(4)それは、細々とした個別の変化ではなく、総体的な精神の変化だった。現在、教育法の中の大して重要でない細かな部分をめぐって論争が行われている。パーマストン卿の時代だったら、そういう法律そのものを成立させることができなかっただろう。パーマストン卿の時代には、サー・ジョージ・グレイは、アイルランド国教会廃止法のことを「革命の法律」だと言っていた。現在では、大多数の賛成で廃止が決定されて、サー・ジョージ・グレイその人も賛成に回った。昔の世界とはすっかり異なる新しい世界が出現したのである。これを選挙法改正がもたらした変化だと考えるのも当然である。しかし、こうした考えは完全に間違っている。たとえ選挙法改正が行われなかったとしても、やはりイギリス政治には、大きな変化があっただろう。〔／〕

とりわけ、他の様々な変化を生じさせるような〔根底的な〕変化というものがある。それは、世代交代である。通常、政治的な意味における一世代は、ひっそりと次の世代へ受け継がれる。いつの時代でも、三〇歳から七〇歳のあいだの男性が大きな影響力を持っているが、毎年、多くの老人が去っていき、多くの人々が新たに老人の仲間入りをして、新人が政治の世代に加わる。こうした移行は少しずつ進むものだから、ほとんど誰も気づかない。政治の世界を会社に見立てるなら、その取締役会は毎年ほんの少しずつ変化する。それで、株主たちは、会社に急激な変化が生じることはないとわかる。しかし、ときには急激な変化が生じることも実際にある。長年その会社で暮らしを立て、経営に携わり続けてきた同年代の取締役たちが一挙に会社を去る、ということが偶然起こるのである。こういう場合、会社は様々な点で、よきにつけ悪しきにつけ、とにかく様変わりしがちである。その変化で会社が発展する場合も倒産する場合もあるが、いずれにしても以前と同じということはない。〔／〕

同じようなことが、一八六五年以前にも起きていた。一八三二年から一八六五年までの時期全体には、三二年以前の政治家とも言うべき、ダービー卿やラッセル卿、パーマストン卿が大きな権力を握っていた。パーマストン卿の場合は、最後まで本当に圧倒的な権力を保っていた。卿には、若さを感じさせる部分もあったが、若い世代への共感は少しもなかった。卿は、若者の考えを採り入れようとしなかったし、若者のどんな要求の前にも立ちはだかった。その結果、卿の死去と同時に、新しい世代が一挙に活動を始めて、三二年以前の政治家たちは、一斉にいなくなってしまった。新しい世代の政治家たちは、パーマストン卿の孫と言ってよいような人たちがほとんどだった。卿は一八〇六年〔正しくは〇七年〕に議会入りしたが、彼らの場合は一八五六年以後である。政治家の年齢層が大きく変わったので、企てられる仕事内容や実行の手法も当然大きく変わった。いわゆる政治の「精神」をいちばん大きく変えるのは、他のどんなものよりも世代の交代である。たとえ選挙法改正が行われなかったとしても、世代の交代というこの一点だけで、いくつもの重大な変化が引き起こされることになっただろう。

選挙法改正問題の決着だけでも、大きな変化をもたらしたのである。もし選挙法改正が、他の事情の変化によって行われていたとしたら、あるいは他の変化とは無関係だったとしても、改正の直接的な影響はやはり大きなものになっていただろう。新たな問題がただちに現れていただろう。政治の世界は、アメリカの森に似ている。古い木を切り倒すだけでよいのである。そうすれば、すぐに新しい木が育って、古い木と入れ替わる。地中では種子がじっと待っていて、古い木が切り倒され日光や空気を浴びるようになると、すぐに成長を始める。新しい政治問題が出てくれば、それ自体が新しい風潮を作り出して、新しい政党や新しい議論を生み出すことになるだろう。

もちろん、一八六七年の選挙法改正のような重大な変革が、非常に重大な影響を及ぼすことはないと言っているのではない。今後、非常に大きな影響を広範にもたらすにちがいない。〔しかし〕私が言えるのはせいぜい以下の点である。これまでのところ、その影響がどんなものなのかについてはまだはっきりしていない。一八六五年以降生じた巨大な変化の原因を選挙法改正ばかりに求めるわけにはいかず、主な要因としてさえ求めることはできない。改正によって、これからどんなことが起こったり起こらなかったりするかは、依然として推測の域を出ないことなのである。

検討すべき重要課題は、本書で述べた中心的な論点からごく自然に導き出される。イギリスで議院内閣制が可能になっているのは、国民が恭順の念を持っている国だから だ、と私は論じてきた。こう論じることで、私は名目上の有権者層が真の有権者層ではないということを言おうとした。「一〇ポンド」戸主[5]からなる多数者は、実際に自分自身の意見を持っていないし、彼らが選出した代表を自分の意見に従わせることもない。一〇ポンド戸主たちの判断は、実際には、自分たちよりも教養のある階級によって導びかれていた。その階級が自分たちの代表であることを歓迎し、そうした代表がかなり任意に動くことを認めていた。奇跡でも起こって、三二年の後にできた議会のどれかに、一〇〇名もの小商店主が加わることになっていたなら、彼らは議会でのけ者にされていると感じただろう。彼らを代表に選んだ選挙区の平均的な多数者以上に、こういう議会に不釣り合いな人々はいそうもないのである。

もちろん、私は、一〇ポンド戸主が知性をきちんと評価できて、品性を正しく見きわめられる人たちだったと言いたいわけではない。周知のように、彼らの大部分はまったくそうではない。そういうイギリス人はごくわずかしかいない。一〇ポンド戸主たちに影響を与えたのは、観念ではなくて事実だった。言い換えれば、漠然としたものではなく、明白なものだった。はっきり言ってしまえば、彼らは地位と富から影響を受けたのである。一〇ポンド戸主の中でも賢明な人々は、地位や富で自分よりも明らかに優れている人々が、さらに、良識や知性といった目に見えない質の面でも優れていると考えたのだった。しかし、従来の有権者層〔一〇ポンド戸主〕の大半は、それほど深く分析したりせず、自分たちの中にいる「よりましな」人物を代表に選ぶのがよいと考えた。その人物が金持ちなら尊敬の度合いはもっと強くなったし、もし貴族ならさらにいっそう歓迎した。これらの有権者たちにとっての争点は、二人の金持ちのうちのどちらを選ぶかだった。この金持ちはいずれも、二大政党の推薦を受けていた。二大政党の意見はどちらも金持ちの意見であり、その政治目標はどちらも金持ちの目標だった。有権者は少数の富裕層の団体の計画を実行に移すために、少数の金持ちを選出したにすぎない。

こういうことが徹底的に行われた結果、一〇ポンド戸主が属している階級、つまり下層中流階級は、とりわけ課税面でいちばん厳しい立場に立たされることになった。ちょうど、かろうじて所得税を払える程度に豊かになっていた小商店主や事務職員だけが、おそらく国中でいちばん厳しく課税された。こういう人は、所得税の他にも、地方税、茶税、砂糖税、煙草税、ビール税、蒸留酒税も払った。財産は非常にささやかなものだったのにである。本当に奇妙な話だが、〔有権者数が最大だという点で〕理論上は万能の階級が、財政上では唯一の虐げられた階級だった。これまでの議会の歴史全体を通じて、

〔万能なはずの〕有権者層は議会が決定する政策の創造者ではなかった。太陽系を作り出すのが彼らにはできなかった、というのとまるで同じような話だったのである。

私が本書で示そうと努めたように、従来の有権者層が自分たちより優れた人々に恭順の念を示したことが、従来の体制を維持可能にする唯一の方法だった。もちろん、有権者層の大多数が優れた世論を持てる国を想像することも可能である。幸いなことに、それに近い国も存在している。しかし、そういう国は、イギリスの小商店主たちからなる国ではない。小商店主たちはただ二つの優れた考えから一つを選ぶのに長けていた。あるいは、そうした考えを信条とする対照的な二大政党のうちの一つを選べるだけだったと言うべきかもしれない。というのも、彼らは、抽象的に思考する以上に具体的な人物について考えることに向いていたからである。しかし、それ以上のことはできなかった。彼らの考えは、掘り下げて尋ねてみればわかることだが、いつもひどく混乱していて、多くの場合、非常に愚かなものだった。有権者たちは、上層階級が選んだ争点のうちのどちらを選ぶかを決めることはできたが、それ以上のことはできなかったのである。

さて、ここで重要な問題が出てくる。この昔ながらの独特の体制は、今後どれくらい続き、どれくらい変わっていくのだろうか。残念だが、この体制が全面的に変わって、今以上によいものになるという考えは、ただちに捨てなければならない。〔選挙法改正によって生まれた〕新しい有権者層の方が従来の有権者層以上に複雑な政治問題についてよりまともな意見を持てるだろう、と期待することはできない。本書の初版が出た頃は、次のような見方がかなり一般的だった。つまり、代表を持っていない熟練の職工階級という階級が存在しており、彼らは国レベルの問題について優れた意見を持つことができ、それを表明する手段を持つべきだ、という見方である。当時は、熟練工にそうした手段を与えようとして、手の込んだしくみを作ろうとしたものである。〔／〕

しかし、一八六七年の選挙法改正では、熟練労働者だけにとどまらず、未熟練労働者にまで選挙権を与えてしまった。特別な技能もなく、家屋をただ所有しているというだけで課税対象となっている凡俗な労働者が、知性を必要とする事柄に適切な判断を下せると言い張る人はいないだろう。文書配達員の方が事務職員以上に知性が高かったり、より高い教育を受けたりしているということはない。むしろその逆である。しかし、その配達員は、新しい有権者層の中ではおそらくいちばん上質の部類にいる。新しい有権者の平均的な姿は、単純労働で本当にわずかの賃金を稼いでいる人々にすぎない。一日中労働に追い立てられて自分を向上させる暇もないし、子どもの頃に受けた教育の程度も低いので、たいてい、十分な時間があってもその時間を正しい目的のために使えるのかが疑わしい。この改正で選挙権が与えられたのは、優れた人物の指導を従来の有権者層ほど必要としない階級ではなく、反対に、もっと指導が必要な階級だったのである。真の問題はこうである。新しい有権者は今後優れた人たちに従うだろうか。以前の有権者層と同じように、富や地位に敬意を払って従うだろうか。富や地位をおおよその象徴や共通の目印とする上流社会に敬意を払って従うだろうか。

この問題に答えることには、格別の難しさがある。通常、法律制定のために行われる討論には、その法律にどんな効果が期待できるのかという点について、有益な情報がたくさん含まれている。しかし、一八六七年の選挙法改正の討論では、ほとんど何も語られることはなかった。地方税納付者やコンパウンド・ハウスホルダー(7)に関して専門用語で討論されるばかりだった。どんな話が進んでいるのかが、国民にはわからなかった。当時私は、純粋な農業地域で保守党が地盤にしている州選挙区をたまたま訪れていて、地方のトーリー党員たちに「この改正法案の意味がわかりますか。保守党政権は、これまでのどんな法案よりもずっと急進的な法案を提出したことや、それが通過する見込みが非常に高いことをご存じですか」と尋ねた。返事はこうだった。「何をばかげたことを！　そんな急進的な改革法案であるわけがないじゃないか。そんな法案なら、どうして〔急進派の〕ブライトが反対するんだ！」。この返事に対し、「普通陪審[8]」でも理解できるような答え方は一つもなかった。法案は、『タイムズ』が支持してブライト氏が反対した。それで、保守党員や支持政党を持たない穏健な一般民衆の大半は、法案の影響について何も考えなかった。それを説明しようとしたところで、「ロンドン人の戯言だ」と一蹴されるだけだった。〔／〕

たしかに、国民はたいてい、法律の影響をきちんと知るために議会の議論に注目する。しかし、選挙法改正の件では、どちらの政党も政党としての考えを十分に主張することができなかった。保守党員の多く、おそらく賢明な保守党員の大半は、その提案がもたらす結果を恐れていた。しかし、その提案が自分たちの党の指導層によって行われたので、彼らは反対することを嫌がって、党の規律に従って賛成せざるを得なかったのである。〔／〕

一方、賢明な自由党員の多く、おそらくその大半は、法案に慌てふためいた。彼らは、長年にわたって改正法案を提出するのが習い性になっていた。だから、各法案の違いをよく知っていて、今回の法案が従来のどの政権が提出してきた法案よりもずっと徹底的なものだということがわかっていた。しかし、彼らのうちのほぼ全員が、そうは言いたがらなかった。トーリー党の法案がきわめて民主的だったので、自由党の彼らがその法案に抵抗したなら、自分たちの支持者の大半を怒らせることになっただろう。また、過激な民主制論者たちからは、次のように言われただろう。「民衆の敵たちが民衆を強く信頼して、民衆にこれだけの権力を託そうとしている。ところが、民衆の友を公言している「自由党」のあなた方にはその信頼が見られない。そういうことなら、今後決してあなた方に投票するつもりはない」。〔／〕

長年戸主選挙権を要求してきた急進派議員の多くは、それが手に届く好機が近づいたことに、喜び以上にむしろ驚きを覚えた。急進派議員たちは、売り手が可能なかぎりの最高値をつけるようにして戸主選挙権を要求してきたが、本当にそうなろうとは決して予期していなかった。自由党員たち、あるいは少なくとも急進的な自由党員たちは、頑として少しも動かないドアを開けるために一生懸命押しまくっている者にそっくりだった。そうしているうちに、突然ドアが開くと、ふっと力が抜け、つんのめって激しく倒れ込んでしまう。こういう不愉快な立場に置かれると、たいてい、どんな人もうまく批判を行えなくなる。たしかに、自由党員から批判は出てこなかった。こうして、選挙法改正の影響に見通しを与えてくれるような事前の議論もなかったたし、また通常なら行っておくべきだった議論もなされなかったのである。

最近の選挙の経験も大して役には立たない。選挙を取り巻く状況があまりにも例外的だったのである。第一に、グラッドストン氏の個人的な人気の大きさが、ピット氏以降なかったほどのものだった。このような人気は、今後二度と見られないかもしれない。見られたとしても、きっとごくごくまれなことだろう。演説が苦手なある候補者が、どうやって選挙戦を乗り切ったのかと尋ねられて、こう答えたそうである。「そうですね。どう話せばいいか思いつかないときは、とりあえず「グラッドストン」と言ったんです。それで聴衆はいつも拍手喝采だ。そのあいだにどう言えばいいのか考えたのです」。たしかに、グラッドストン人気が有権者と候補者双方の行動の指針となった。候補者は、ただグラッドストン氏を支持すると言えばよかったたし、有権者もただそう言っている候補者に投票しただけである。ちょうど多数派がグラッドストン派としか呼びようがなかったように、少数派も反グラッドストン派としか呼びようがなかった。さらに、昔ながらの選挙組織も、非常に強力だった。旧来の有権者層は組織に言われるがままに投票したし、新しい有権者層も、そのほとんどが同じように投票した。旧来型とは正反対の性格を持っている新しい選挙組織もあったが、ごく少数だった。最近のこの選挙では、新しい制度の運用試験はほとんど始まらなかったのである。始まった場合があったとしても、特定方向に肩入れするような偏ったものでしかなかった。

今後しばらくは、現在の政治家たちには、これまでにないほどの絶好の機会が与えられていると同時に、最大の義務も課されている。政治家たちは、新しい有権者の選挙権行使を指導しなければならない。しかも、そっと指導しなければならない。自分たちが指導していると口には出さないようにしながらも、やはり指導しなければならない。自由な国の指導的な政治家たちは、強力な一時的権力を持っている。彼らは人々の論争に決着をつける。一度か二度の大演説で、その後の長期間、どんなことが議論されたり論評されたりすることになるのかを方向づける。その政治家たちは、党の顧問と相談して、党の行動計画を定める。これはアメリカで「政党綱領」と言われているもので、彼らと協力者たちは、これに基づいて、政治活動の中で主張する内容を決めるのである。世間は、この行動計画と他の政治家の行動計画とを比較して判断を下す。〔／〕

大方の一般人の知性は、行動計画が注目しているのがどんな政治問題なのかを自力で読み取るのには、まったく不向きである。そういう知性がせいぜいできるのは、自分自身に降りかかってきて目の前に置かれる問題について、それなりに判断することくらいである。自分で政治課題を設定することはほとんどない。せいぜいできるのは、そうした課題から争点を選ぶことぐらいである。だから、政治家たちには、現在、どんな課題に取り組むべきかを決めるという点で、特に大きな責任が課されているのである。下層民を興奮させるような問題、彼らが無法な行為に走るような問題、彼らの利益を優先して国全体の利益と一致しない問題や国家全体の利益に反する問題を政治家たちが提起するなら、彼らは自分たちでなしうる最大の害悪をもたらしてしまうだろう。〔／〕イギリスの将来は、デリケートな試み〔政治家の大衆指導〕がうまくいくかどうかにかかっている。〔もしも問題の提起で誤ったら〕その試みを政治家たちが全力を挙げて失敗させてしまうことになるだろう。こうした政治家たちは、新たに政治に参加してきた無知な人々に、適切な争点を、しかも優れた争点だけを示すべきまさにそのときに、不適切な争点を示したことになるだろう。政治家たちは、貧困層を一つの階級として結束させる課題、富裕層に対する彼らの敵意を煽るような課題を提起してしまうだろう。議論になって貧困層の耳に届くと、彼らに次のように考えさせるだけの課題を提起してしまうだろう。何か新しい法があれば自分たちは快適に暮らせるとか、自分たちを苦しめているのは現在の法だとか、政府には使い切れないほどの資金があって、別のところに新たなより多くの困窮者を生むことなく、現在の困窮者に与えるものをその資金から調達できるという考えである。貧困層は「貧者の楽園」を夢想しがちである。さらに、彼らは自分たちがそうした楽園を作れると考えがちである。だから、もし、貧困層の有権者たちによる最初の仕事が、そうした楽園を作る試みになったなら、今始まったばかりの政治における重要な試みは、あっけなく失敗に終わるだろう。選挙権の拡大は、国民全体にとって大惨事となるだろうし、新たに選挙権を得た人々にとっても同様の大惨事となるだろう。

もちろん、どんな問題を扱って、どんな問題は扱わないかについて、政治家たちに絶対的な選択の自由があると言いたいのではない。政治家たちが厳格な条件の下で選択しなければならないことは、私としても、もちろん承知している。人心が興奮状態にあるときには、政治家たちに選択の自由はほとんどない。人々がどれだけ動揺しやすいかにしたがって、どんな問題が扱われるべきで、どんな問題が扱われるべきでないのかは決まる。しかし、他方で、平穏なときには、政治家たちは大きな力を持っている。火が付いていなければ、どこに火を付けるかを決めることができる。だから、新しい選挙権が幸運にも平穏なときに試されるなら、政治家たちは大きな力を持つことになるので、彼らの責任もまた重くなる。

また、取り上げた問題の議論の仕方も、問題の選択と同じくらいに重要である。有力な政治家たちが国民を指導するのであって、国民が政治家たちを指導するのではない。たしかに、政治家たちが国民の支持に頼らなければならない場合には、この言葉通りにするのは難しい。だから、この言葉を慎重に限定する必要が出てくる。政治家はイギリス国民に対して知識をひけらかして教条的《ドクトリネール》なものの言い方をすべきだと、私は言っているのではない。イギリス国民がとことん嫌うものがあるとすれば、それはそういうものの言い方である。それを国民が嫌うのは正当である。指導し指示を与える人が、聞き手に向かって、「私は君たちより優れている。君たちと違って、私はこのことを研究してきた」と言わずに済ませられないようでは、指導や指示には不向きなのである。こういう無作法《ゴーシュリ》な態度を見せる政治家は、想像力の欠如を示している(10)。人と接する能力がないことが表に出てしまっているのであり、それは政治家という職業にとって大いに妨げになることに他ならない。〔／〕

国民を導くのに必要なのは、理屈をたくさん並べ立てることではない。ましてや、そうした議論の仕方を公然とひけらかすことでもない。たいていの場合に必要なのは、はっきりした結論を毅然として述べることである。政治家がこれを見事にやってのけるなら（軽妙でユーモアを交えた話しぶりであるなら、いっそうすばらしい）、自分の役割を果たしたことになる。こういう政治家は聖句のような名言を残したことになり、それは新聞記者たちによって（律法学者がしたように）説教集に書き残されるだろう。政治家は自分の本来の姿を示して、自分にとって重要な真理であるものを、わかりやすくかみ砕いて語るべきである。そうすれば、国民を導くことになるし、国民に利益をもたらすことにもなる。しかし、公共の問題について、（国民の）ひどい無知が異例なほど大きな力を持っている場合は特にそうだが、もし、政治家が、そうした無知から生じた結論を受け入れて自分もそれをオウム返しに語ろうとするならば、その政治家は国民の単なる使い走りでしかなく、国民に損害を与えること以外に、ほとんど何もしていないことになる。

そんな話はわかりきったことで、二と二を足せば四になることは誰でも知っているのだから、わざわざ計算する必要がないのと同じことだ、と言われるかもしれない。これに対する私の返答を言うとすれば、この教訓は実際には守られていない。人々はそうした仕方で政治の足し算をしてはいない。政治的な危機がいろいろある中で、私が最大の危機だと考えているのは、この教訓を政治家たちが無視することである。わかりやすく言い直してみよう。私が危惧しているのは、イギリスの二大政党が、労働者の支持を得ようと競い合って、どちらの党も労働者の言うとおりにしようと約束することである。こうなると、労働者が諸問題についてキャスティングボートを握ることになるから、どちらの党も、自分たちに投票するよう労働者に懇願することになるだろう。教養もあり富裕でもある人々が集結している二つの政党が、無知な貧困層の意向に恭《うやうや》しく従いながら政権をめざして競い合うことほど、この貧困層を堕落させ劣化させる仕方は、他には考えられない。そういうやり方で物事を進めるなら、民の声《ボックス・ポプリ》は悪魔の声《ボックス・ディアボリ》となるだろう。その一方で、正反対の危険も頭の中に浮かんでくる。労働者たちを継続的に煽動することになれば、彼らが一つの階級として団結するという問題が実際に起こるのではないかと考えられるのである。上層階級は、労働者に譲歩してこうした問題を解決するのか、あるいは労働者たちを団結させる危険を冒すような政策を進めるのかについて、よく考えなければならない。

　もちろん、この問題は、安易な抽象論で片づくものではない。この問題を間違いなく大きく左右するのは、個別具体的な事例で採られる方策の性質である。その方策が〔労働者に〕認められても、それが原因で問題が出てくることもあるし、拒否されたとしても、考え方としては労働者に歓迎される場合もある。しかし、どんな場合であっても、忘れてはならないことがある。労働者階級を政治的に団結させることは、それ自体として、またその目的から見ても、最大級の害悪だということである。この階級が団結し続けることになれば、(現在では労働者のうち、かなりの多数が選挙権を持っているので)イギリスの最高権力者になってしまうだろう。彼らが最高権力を握り続けることは、現状から考えて、教養に対する無知の支配、知性に対する数の支配をもたらすことを意味している。結束して行動することを労働者階級に教えなければ、そのかぎりでは、こういう事態になる可能性は回避できる。それが回避できるのは、上層階級の第一級の知恵と予見の力による以外にない。上層階級は、害悪のすべてを回避しなければならないだけでなく、害悪になりそうだと思われるものならどんなものも回避しなければならない。彼ら上層階級は、今でも権力を持っているのだから、実際にある不平不満のすべてだけでなく、可能な場合には、外見的に不満に見えるようなものもすべて取り除かなければならない。また、譲歩しても問題のない要求なら、どんな要求に対しても進んで譲歩しなければならない。そうするのは、国の安全を損ねることになるような何らかの要求に、嫌々ながら譲歩せざるをえなくなる、といった事態にならないためである。

この忠告に対してもまた、わかりきったことだと言われるだろう。しかし、私がいちばん恐れるのは、譲歩すべきときが来たときに、この忠告が臆病で弱気な忠告だとして退けられてしまうことである。人間の闘争本能は非常に強い。そのために、敗色が濃厚な戦いだったとしても、戦わないよりは、むしろ、戦おうということになってしまう。戦えばかえって敵を強力にしてしまう場合もあって、今がまさにそれだ、と言って納得させるのはきわめて難しい。下層階級は、戦いに敗れることで、特に長く善戦してきた戦いに敗れることで、団結というものを徹底的に教えられるだろう。こうして、上層階層は、怒りに燃えて団結した強力な投票勢力と対峙することになるだろう。勇気と言っても、それが敵を強めることになるとともに、現在の戦いばかりでなく、将来の多くの戦いでもこうした敗北を招くような勇気であれば、人々にとっても〔イギリスやその他の〕諸国にとっても、重苦しい呪いのようなものになってしまうのである。

実際、一つの小さな点で、一八六七年の選挙法改正の影響がはっきりと見て取れるように思う。私の考えでは、一八三二年の改正によって始まった一つの変化が完成した。つまり、この法改正が庶民院と貴族院の関係にもたらした変化が完結した、ということである。本書で説明しようと努めたように、イギリス国制に関する文献上の理論は、いつものことだが、この点でまったく間違っている。その理論に従えば、両院は、立法府を構成する二本の柱であって、完全に対等で完全に別個のものである。しかし、一八三二年の改正以前には、両院はそれほど明確に違ってはおらず、非常に大きく、きわめて重要な共通要素が一つあった。貴族院議員たちは、多くの都市選挙区と州選挙区に対して支配的な影響力を持っていて、庶民院議員のうちのかなりの部分を指名していた。それ以外の庶民院議員の大多数も、裕福なジェントリであり、ほとんどの点で貴族院議員と似ていたし、貴族院議員たちに共感を寄せていた。当時の国制はこうしたものだったので、両院は本質的に別個のものではなく、本質的に同質のものだった。おおよそのところを言えば、両院は、別々の出自ではなく、類似の出自だった。どちらの議院でも、支配的部分の出自は、同じ階級、つまり爵位のあるなしにかかわらず、イングランドのジェントリ層だった。〔／〕

一八三二年の改正によって、これが大きく変わった。貴族やジェントリは、庶民院では優越的な地位を失ってしまい、その地位は中流階級に移った。その結果、両院は性質の異なる議院になって、同格ではなくなった。ウェリントン公は、きわめて注目すべき文書[11]の中で、貴族院が新しい地位を受け容れて、庶民院の意志に何度でも従うように貴族院議員たちを説得したときの苦労について説明している。

一八六七年の選挙法改正は、私の考えでは、一八三二年の改正によって始められながらも未完のままになっていた動きを間違いなく完結させた。二度目の選挙法改正によって、中流階級的な要素がいっそう拡大して、貴族階級的な要素が大きく減退した。議員名簿、特に、傑出した議員たちの名簿を注意深く調べてみれば、彼らがおおよそ貴族の家系でないことがわかるだろう。爵位のある貴族が大きな権力を持って高い地位にいることを考えるなら、貴族たちが、統治する議院〔庶民院〕の活躍している人々の中で小さな割合しか占めていないことに、おそらく驚くことだろう。現在の庶民院の精神は、金持ち支配の精神であって貴族政治の精神ではない。いちばん優れた政治家は、昔ながらの家柄の出身者ではないし、世襲の広大な所領を所有する人物でもない。こうした政治家たちのほとんどは、不動産所有者ではあるものの、事実上、新興の商取引に基づく財産と密接な関係を持っている人々である[12]。二つの議院の精神は、昔とは違って、きわめて対照的になったのである。

私が今述べてきた原因のために、一八三二年の改正の影響が全体の姿を現すまでには、実際のところ長い時間がかかった。新たにでき上がった制度の運用に当たった政治家自身は、取り壊された制度の下で教育を受けていた。とても不思議な話だが、これらの政治家たちの強力な指導力が存続したのは、彼らが作り出したしくみが運用されていた期間内〔一八三二年から一八六七年〕でのことだった。パーマストン卿もラッセル卿もダービー卿も、一八六七年前後の一、二年のあいだに、死去するか影響力を失うことになったのである。彼らのような貴族の指導に庶民院が従っているあいだは、一八三二年改正法が貴族院にもたらした結果の全体像は見てとることができなかった。一八三二年改正法に期待された変化の多くははっきりしなかった。変化が始まったのは、同様のさらに大規模な力〔をそなえた一八六七年改正法〕が後に続いてからのことだった。

ウェリントン公が部分的に始めた仕事を完結させることになる時期が、今ようやく到来したのである。ウェリントン公は、困難の半分に取り組んだが、私たちはそのすべてを乗り越えなければならない。私たちは暗黙のルールを作らなければならない。法律ではなく慣習の形でのルールである。それは、新しい国制が求めるときには、そのたびに貴族院を庶民院に従わせるものである。そういうことはどれだけ頻繁に起こるのか。また、何を基準にして、その点を見きわめたらよいのか。こう問われることだろう。

それへの返答をしておこう。庶民院の意見が国民の意見でもあるとき、それとともに、国民の意向が固まっているときにはいつも、貴族院は庶民院に従わなければならない。国民の意向が固まっているかいないかは、状況全体を見て、私たちが現実の問題を判断する場合に一般に行っているような方法で判断すればよい。〔／〕

機械的な判断基準のようなものを設ける人がいる。この人たちが言うには、庶民院が一度ないしは数度通過させた法案を貴族院が否決するのは自由だが、庶民院がその法案を貴族院に繰り返し送付する場合には、国民が決意していると推測しなくてはならない。しかし、実生活で起こる重大な現実問題は、こんな杓子定規のルールで一律に解決できない。このルールが適用されていたら、貴族院は一八三二年の改正法を否決していただろう。国民が興奮していて、また決意している場合はいつでも、こうしたルールは、危険な政治的劇薬になるだろう。こういうルールがあると、そのせいで、貴族院は現実生活のあらゆる事実を見ようとせずに、もっぱら抽象的な公式で物事を決めることになるだろう。一八三二年に貴族院がそのような仕方で行動していたら、革命が起こっていただろう。たしかに、このルールには一つの一般的真理がある。法案が一度だけ送られてきたか、何回も送られてきたかは、国民が法案の成立を決意しているかいないかを判断する際の重要な材料の一つではある。しかし、それは指標の一つであって、いくつかある指標のうちの一つにすぎない。同じくらい重要な判断材料は他にもある。国民の一致した意見が非常に強力で、その意見が非常に多くの機関を通じて表明されるなら、その意見は今後もずっと続いていくと考えてよいだろう。

イギリス人は異種混交の度合いが非常に高い。だから、現時点でこうした多様な人々からなる大集団が、本当に納得していることは、今後もずっと納得したままである見込みが相当あると考えてよい。一部の人々だけの確信は、一時的な誤った狂信へと簡単に陥ってしまうことがある。しかし、すべての人々が同時にそうした状態に陥ることは、まずありえないだろう。

両院の関係について、あえてルールらしいものを示してみよう。第一級の政治問題に関して、庶民院の大多数が一度でも通した法案を否決するなら、貴族院は、時間をかけて――じっくりと時間をかけて――そうすべきである。もちろん、これを不変のルールとして示すつもりはない。すでに述べたように、実践的な目的に関しては、不変のルールというものを私は信じていない。庶民院の多数派は本物であるかもしれないし、偽物であるかもしれない。本物でないなら、つまり、その多数派が選挙民の意見だけでなく議会の意見も体現していないのなら、その多数派が尊重されることなど、どんな人も望まないだろう。しかし、国民の意見が強力で広く行き渡っていて、議員たちも、自分たちを議会に送り出した有権者と同じく心の底からその意見を信じているなら、私の考えでは、貴族院はその意見に抵抗せずただちに従うべきである。

この主張の主要な論拠として私が考えている点については、これまでほとんど議論されてこなかった。私は理論的な著述を行う者として、保守党員や自由党員の候補者で当選しなかった人々の意見と同じことを、思いきって言うことができる。私は、新しく有権者になった無知な大衆に関して非常に強い危惧を抱いているのである。この力に抵抗できるぐらいに大きく密度の高い力がほしいと私は思っている。しかし、貴族院と庶民院の不和が、そういう抵抗の力を分断している。すでに述べたように、庶民院は主に財産家層を代表し、貴族院は今なお貴族層を代表している。これら二つの階級の主な利益は、今では一致している。無教養な多数者の支配を阻止すること、あるいはその支配力を減殺することである。しかし、これら二つの階級が争っていては、大衆の力を阻むことはできない。互いに相手を出し抜こうとして、彼ら共通の敵に支援を求めてはならないのである。これこそ、貴族院と庶民院とが分裂していることがもたらす結果に他ならない。教養があって裕福な人々の二大集団が、両者のあいだで決着をつけるために、選挙区へと出向いている。こうした選挙区で多数を占めているのは、無教養な貧困層なのである。これでは、どちらの利益にもならない。

貴族層は、本来の地位にとどまっていれば、権力の大半を持ち続け、それを使って大いに有益なことをするだろう。その地位は、こういうこと〔財産家と争うようなこと〕をしていては失われてしまう。貴族たちは財産家の指導者になるべきなのである。どの国であっても、新興の財産家は、古くからの財産家を喜んで崇拝するものである。古くからの財産家が黙って見ているだけで、そういうことになる。イギリスでは、新興の財産家はそういう崇拝に熱心であることは、私が言うまでもないだろう。風刺家たちは、金持ちになりたての人が、一刻も早く、自分から進んで、強い想いで、昔からの金持ちの仲間になりたがっているということを次々に描いてきた。おそらく、今のイギリスほど、地位というものが、大きな「市場的」価値を持っている国はない。もちろん、金持ちだろうが貧乏だろうが、ともかく古くから続いている家系が、国民のロマンティックな敬意を強くかき立てて、国民全体から崇拝される国は、これまでいくつもあった。しかし、爵位のある古い家柄の人間だという理由で、その人と同等かそれ以上の財産や同等の教養を持っていながら家柄や地位では劣る人物が進んで敬服しているような国は〔イギリス以外には〕これまでなかったと思う。経済学者なら、社会の「物質的な」性質の所有層とでも分類しそうな人々は、非物質的な性質の所有者を崇拝したくて仕方がないのである。もし手際よく活用できるなら、こうした敬意ほど政治的に有益なものはない。それを退けたり拒否したりすることほど愚かなことはない。

この崇拝は、政治的な意味ではいっそう重要な役割を果たす。なぜなら、政治的に強い立場の人々が、政治的に弱い立場の人々を崇拝するからである。選挙では、爵位のない人々が爵位のある人々よりもずっと大きな力を持っている(13)。特定の個々の貴族たちは、自分が保有している財産のおかげで、選挙に大きな影響を与えることができる。しかし、貴族院は、全体として言えば、選挙を左右する主要勢力ではない。貴族院の中には、それほど豊かでない貴族が多数いて、院の外には〔爵位を持っていない〕金持ちがたくさんいる。そのせいで、選挙における貴族院のありがたみはなくなってしまう。さらに、地位が持っている影響力には、集団に対してよりも個々の人々に対していっそう強く働くという、奇妙な性質がある。大半の人、少なくともイギリス人の大半は、地位の影響を非常に強く受ける。ただし、ほとんどのイギリス人の場合は、そのことを多少恥ずかしく思っている。したがって、幾人かが寄り集まると、それぞれは内心で地位を崇拝していても、集団全体としては、地位に反対するかなり強烈な演説でも、辛抱強く耳を傾け、多くの場合は拍手喝采して賛同するのである。イギリス人一人ひとりは、グラッドストン氏が言ったように、心の中にある「貴族に対する密やかな好意」が表に出はしないかと少しびくびくしている。この同じ弱点を周りの人たちがどれくらい抱えているかがはっきりとわからないからである。〔ノ〕

こうしてイギリス人は、自分の本心とは正反対の反貴族的な感情を支持してしまう。彼らは集団的には、地位に対する敵意むき出しの行動に出るが、その一方で、一人ひとりは、地位に対して密かに格段の好意を寄せているわけである。一八三二年には、多くが貴族の支配下にあった懐中選挙区や、貴族の支配下にあると考えられていたさらに多くの選挙区が、歓声の嵐の中で一掃された。だから、大規模な興奮状態がもう一度同じように繰り返されたとき、貴族院の消滅もやむなしということになれば、貴族院本体も消滅しかねない。民主制を求める情熱は、興奮状態を広げるようにあおり立て、大人数の人々を広場に集めることで勝利する。貴族制を支持する感情が勝利するのは、穏やかで静寂な状態にあることによってである。この感情は、家族と一緒にいて、その中で女

性の影響が欠けていない場合に、自然と生まれてくるものなのである。〔／〕
選挙戦で表面上発揮される貴族の力は、貴族が社会の中で実際に発揮している力には
まったく及ばない。かなり粗野な物事に対してよく使われる言葉を借りれば、イギリス
の新興財産家層は、「うまくあしらい、追いつめない」ようにしなければならない。彼
らは貴族層を強く尊敬しているとしても、容易に反対勢力に回るだろう。彼らの方が貴
族よりもずっと強力なので、怒らせてしまうと貴族制を破壊することにさえなりかねな
い。もっとも、貴族制を破壊するために、彼らは無知な貧困層のあいだに荒々しい興奮
を引き起こすに違いない。一旦そうなると、興奮は簡単には収まらなくなり、煽動者の
意図をはるかに超えて破滅的な事態に陥ることになるかもしれない。
多くの聡明な貴族たちを困惑させている異常事態を説明すると、以上のようなことな
のである。彼らは、口には出さないとしても、こう考えている。「私たちはなぜこんな
状況に釘づけにされているのか。なぜこれまで自分自身が絶大な力を発揮してきた庶民
院の議員ではないのか。なぜ名ばかりの地位だけで、実質的な影響力を持てないのか。
空虚な威信ではなく真の威信を持ちたいのに、なぜそれができないのか」。それに対す
る返答は、次のようになる。貴族階級全体は、貴族院が存在しているかぎり、社会に対

して計り知れない影響力を発揮できるが、貴族院が廃止されると、そうもいかなくなる。また、頭のよい若い貴族なら、ひとりかふたりくらいは庶民院でも立派な働きができるかもしれないが、年齢や知力に関係なく、貴族という昔ながらの身分が立派な役割を果たすには、今のままの方がずっとよいのである。この点に関しては、大多数の貴族の利己的な本能の方が、ひとりかふたりの聡明な貴族の知性以上に、現実世界に対して鋭敏で正確な判断を下すことができるのである。

貴族たちの議院はこれからも残るとしても、嵐の中を進んでいくだろうし、貴族院全体がこのまま残っていくことにはならないだろう。嵐で貴族院が破壊されることはないだろう。また、富裕で地位のある若い貴族たちが庶民院議員になることもないだろう。おそらくそうなる前に、すべての爵位が廃止されることになるだろう。少なくとも、法律上の爵位はすべて廃止されるかもしれない。さらに、名門家系の所領のすべてを長男に相続させる奇妙な制度も、(14)何らかの方法で打ち壊されるだろう。長子相続はきわめて人為的な制度である。立派な擁護論はあるかもしれないが、大きな声で語ることはできない。大衆に届き、彼らの心を動かすような主張にはならないだろう。この制度は不正に見える。民衆の感情が盛り上がるときには、持ちこたえられないだろう。ナポレオン法典での均分相続の義務化からは程遠いにしても、財産の過度の集中を妨げたり予防したりする厳しい条項が制定されるかもしれない。大規模な世襲財産を破壊することは、これまで述べてきたような激しい嵐以外では不可能なのはたしかである。しかし、そうなるとまた、貴族院を打ち倒す大騒動も起こりそうである。私が強調したい点は、財産を平等化する大変革が、貴族院に手をつけないことはありえないだろう、ということである。

こういうわけで、私の考えでは、貴族院が持っている強大な権力は、大いに用心して慎重に行使すべきなのである。貴族院は、新興の財産家層に対する指導力を保持するために、国民に対する指導力を使って新興の財産家層の気分を害することをすべきではない。貴族院が従わなければならないいろいろな項目は、ほとんどが非常に些細なものである。さらに、自分たちの権力の根底を危険にさらすよりは、多くの重要な項目に関しても従うべきである。自分たちの収入から多額の供与を行うことも、それで元本にまで手をつけられずに済むのであれば、供与した方がよい。ウェリントン公は、長年このやり方で貴族院を指導してきた。貴族たちにとっても、また国民にとっても、これ以上のやり方はなかった。貴族院は、ウェリントン公が指し示した道筋に復帰するだけでよいのである。

一八七〇年の出来事(15)は、一代貴族について多くの議論を喚起して大きな成果があった。貴族院でトーリー党の前の指導者だったリンドハースト卿は一代貴族を創設するという先の提案を阻止したのだが、ダービー卿は、同党の指導者になると、一代貴族の創設を望んだのである。一代貴族の創設に関して、その正当な理由と私に思えるものは、本書の中で示しているので、それらの理由をここで繰り返す必要はない。私の判断の中で、この考えが今どういう位置にあるのかを論じるだけでよいだろう。

一代貴族をいちばん強硬に主張している人々の一部と同じ見方をすることは、私にはできない。貴族院と庶民院のあいだの恒久的な対立や相違点を解消する方法として一代貴族を考えることは、私にはできない。その方向で効果を出すためには、一代貴族の数はかなり多くなければならない。今のところ、貴族院は、〔政治的な〕嵐に見舞われでもしないかぎり、非常に多くの一代貴族には決して同意しないだろう。嵐に襲われて怖くなれば同意するのは間違いないとしても、そうでなければ同意することはない。さらに言うと、彼らが同意するほどの強い嵐が吹き荒れれば、ほぼ間違いなく、もっと多くのものを吹き飛ばしてしまうだろう。もし、革命が、膨大な数の一代貴族を創設するほど強力で、熱意に満ちたものだとすれば、おそらくは、上院の世襲原則〔貴族院議員は世襲されるという原則〕までもが廃止されるだろう。もちろん、これとは異なる考え方をする人もいるかもしれない。政治的な嵐が、ちょうど一代貴族というところまで進むと、そこで突然ぴたりとやんでしまうことも考えられるかもしれない。しかし、政治においては、極度に例外的な偶発事にとらわれるべきではない。規則的でわかりやすい蓋然性を考察に入れてそなえるだけでも、きわめて難しいことなのである。数学の言い方を借りれば、政治の曲線の尖点とか共役点(16)のことで頭がいっぱいになっていると、曲線の一般的な方向を容易に見失ってしまうかもしれない、ということである。

他方で、急進派のある人々が唱えたり共鳴したりしている一代貴族への反対論にも、私は共感できない。彼らによれば、一代貴族の創設は貴族院を強化して、庶民院に反対する能力を高める。口には出さないが、彼らは次のように考えているのである。「貴族院は私たち急進派の敵だし、またすべての自由党員の敵である。幸いなことに、敵の大半は頭がよくはない。聡明な議員も若干は出てくるが、それは仕方のないことである。そうは言っても、貴族院に才知を「接種」するつもりはない。私たちの敵になる可能性がきわめて高い賢い人物の一団を、一代貴族として送り込むつもりはない」と。以上の反対論は、聡明な貴族も愚かな貴族と同じく庶民院に敵対するものだと想定している。しかし、私はこれには賛同しない。貴族院議員のような望ましい地位にある聡明な人々は、その大半が、避けられるのであれば自分の地位を失うことなど決して望んだりしないだろう。重大な職務をはっきりとした形で命じられたら、その〔貴族院議員の〕地位を去るだろうが、そういう命令があるときだけのことである。それに、庶民院への組織的な反抗だけが貴族院を危機にさらすものだということや、それぞれの貴族から貴族の地位を奪うものだということを理解できるのは、なにも賢明な人間のみではない。明らかに貴族たちの利益になるのは、新興の財産家を味方につけ、彼らを率いる指導者となり、庶民院に反対しようとしないことである。この点についての貴族たちの理解は、彼らの感覚に磨きをかけてやれば、それだけいっそう高まることになるだろう。

有能であることを理由に選ばれた才能ある人々が、完全に新しく作り直された貴族院の大半を構成することになったら、どうだろう。庶民院議員の知性は平凡なイギリス人と大して変わらないのだから、この新しい貴族院が、国家の最高権力を握ろうとして、庶民院を屈服させることまではないとしても、そのライバルになることは十分ありそうである。しかし、現在のイギリスでは、そういう貴族院は、すぐに影響力のすべてを失ってしまうだろう。人々は「頭がよすぎたのだね」と言うだろう。この言葉がイギリス人の口から出るとき、それは非常に辛辣な批判を意味している。イギリス人であれば、富裕層からなる選挙制の議院〔庶民院〕が、弁論家や著述家からなる指名制の議院〔貴族院〕によって妨害されたら、途方もなく常軌を逸したことだと思うだろう。イギリス人は、財産を持ち分別のある人々に支配されることを望んでいる。才能のある貴族でも、権力という点では、こういう人々とは比較にならないだろう。

もっとも聡明な貴族でも、庶民院への賛同という点で、他の貴族ほど積極的でない人もいることは事実である。とはいえ、高い地位にいて優れた能力を持った人物が、地位も低く能力も明らかに劣る人物に屈するのを嫌がるのは、不自然なことではない。数少ないそうした貴族たち（本当にごく少数である）の中には、「屈服と引き換えに貴族の地位を保つくらいなら、むしろ貴族の地位などいらない」と言う人もいるかもしれないが、苦闘の末に貴族の地位を勝ち取った一代貴族なら、そうは考えないだろう。生まれつき高い地位にいる若者なら、その地位を危険にさらすことがあるかもしれない。それは、自力で地位を手に入れた中年や老年の人たちのすることではない。だから、かなりの数の一代貴族が貴族院の議席を占めるとすれば、彼らは、ほとんど常に貴族院に中庸の道を提言するだろうし、ほとんど常に正しい助言を行うだろう。

最近の議論では、イギリス国制の別の部分が持っている不思議な長所が明らかになった。私は、本書の中で、女王が議会に諮らなくてもどれだけたくさんのことを行えるかについて知れば、どんな人も仰天するだろうと論じた。それが非常にはっきりと証明された。女王が大権を行使して陸軍の売官制を廃止した(貴族院がその法案を否決した後にである)が[17]、これが世間を大いに驚かせることになったのである。

しかし、これは、君主が議会に諮ることなしに合法的にできる行為としては、まったく大したものではない。他の点はさておくとして、君主は陸軍を解散できる(法律上、君主は一定数以上の軍隊を持つことはできないが、誰かを軍務に就かせる義務は負っていない)。総司令官以下、陸軍士官全員を解雇することもできる。海軍の士官を解雇することもできる。軍艦や海軍軍需品を全部売り払うこともできる。コーンウォール[18]を犠牲にして割譲し和平を結ぶことも、ブルターニュ[19]を征服するために開戦することもできる。また君主は、連合王国に暮らす市民なら、男女を問わず誰でも貴族にすることができる。連合王国内のどの教区にも「大学」を作ることができる。役人の大半を解雇することも、犯罪者全員に恩赦を与えることもできる。要するに、君主は大権を行使して、政府が行った民政上の措置のすべてを覆すことができるし、誤った戦争や和議によって国民の名誉を傷つけたり、軍隊を解散して陸海軍の両面で国民を無防備にすることもできる。なぜ私たちは、君主が、こうしたことやこれに似たことを行うかもしれないと恐れないのだろう。

二つの抑制機能が存在しているからである。一つは古くから残る素朴な機能であり、もう一つは最近生まれた精巧な機能である。第一に、弾劾という抑制機能である。どんな大臣でも、王国の安全を脅かすような大権の発動を君主に助言した場合には、大逆罪に問われる可能性があるし、実際にそうなる。そうした大臣は、法律の専門用語で言うと、「君主に対する戦争」を布告した者、あるいはそれを幇助した者とされる。裁判官は、大臣がこうした大権の発動を進言したことに対して、君主自身に危害を加える行為だと宣告するだろう。こうして、この犯罪者〔大臣〕には特別かつ有効な手続きを通じて有罪判決が下され、刑が執行されることになるだろう。これは、度を超した大権の濫用のすべてに対して、十分な予防策になっている。〔／〕

しかし、これだけでは小さな誤りまでは防止できない。善意に従った判断が誤った結果を導いてしまう場合や、人によって成功か失敗かの判断が異なるような場合には、こうした処罰はできないだろう。女王陛下の陸軍を解散させた大臣は弾劾できるし、実際に弾劾されることになるだろう。しかし、大臣が、陸軍や海軍の兵力を、あらかじめ定めておいた基準を大きく超えて削減するような場合や、議会で承認された予算の三分の一しか消化しないような場合、パーマストン卿の〔穏健な政治〕原理を信奉する大臣が任期中に突如としてブライト氏やコブデン氏の〔急進的な政治〕原理へと転換して、それに基づいて行動するようになった場合には、いずれも大臣たちを弾劾することはできないだろう。大逆罪は、誤った判断や意図に基づいた行為にまで適用できないし、そうすべきでもない。そうした行為は、国家の平安を損なうことではなく促進し強化するという意図で、善意から行われたものだからである。こういう形での大権の間違った行使には、〔第二の抑制としての〕政権交代が正しい救済策であり、一般的にこのやり方でとてもうまくいっている。どの大臣も、この懲罰を受けないようにあらかじめ注意している。また、誰も筋の通らない形でこの懲罰を受ける、ということもない。〔／〕

しかし、にもかかわらず、この救済策には二つの欠点がある。第一に、これは救済策にはまったくならず、処罰をするだけで終わってしまいかねない。大臣が罷免覚悟で動くかもしれない。後からでは取り消しが難しいことをするかもしれない。そうなると、

残された手立ては、解任と問責となる。〔／〕

第二の欠点は、現状では、この救済策について発言権のある議院が一つしかないということである。不信任決議によって大臣を解任できるのは庶民院だけである。最近三〇年間に生まれた政権の大半は、貴族院からまったく信任を得られていなかった。今取り上げているケースでは、貴族院が行う不信任決議にはほとんど影響力がない。それは、総じて政治的に反対している勢力を〔不信任決議という〕一つの具体的な形で表したものにすぎないだろう。貴族院の内閣不信任決議[20]は、カールトン・クラブによる自由党政権の不信任決議、あるいはリフォーム・クラブによるトーリー党政権の不信任決議のようなものになるだろう。貴族院の反対投票が、庶民院の投票のような決定的影響力を持つことは決してない。下院が、支配し選択する議院なのである。だから、政権が実質的に下院を掌握しているなら、実行したい政策の九割は思うままに実行できる。貴族院の支持があれば助けにはなるが、なければないで済む贅沢品である。庶民院の支持は、絶対的に必要でどうしても欠かせないものである。

国王大権をめぐるこうした困難は、とりわけ外交問題によって生じる。内政問題では、ほとんどの場合、慣習や法律が大権の行使を制限してきた。内政は、既存の法制度に従って行われるので、たいてい型通りにやればよい。他のやり方よりも動きやすいので、行政の大半は、このやり方で行われている。政治的な危機、つまり、政府の運命を決めてしまうような議決は、たいてい、外交か新法の問題で生じる。一般的に、外交問題の場合には、政府がすでに行動に移したことを問題として、締結した条約がイギリスの立場を強化したのか否かを一方の議院が問うことから始まる。それを問うのは庶民院であって貴族院ではない。

思うに、これは、うわべを見るだけでも、正しいと思えるような制度ではない、と誰もが認めるにちがいない。条約は、法律の大半と同じく、きわめて重要なものである。法律の場合は、その一字一句に対して代表議会の入念な同意が必要である。条約の場合は、その本質的部分についてすら代表議会に諮られることはない。これは一見したところでは、筋が通っていない。昔のイギリス国制なら、これでよかったのかもしれない。当時、権力は実際に国王の手中にあった。議会はめったに開かれなかったし、その他の理由もあって、当時の国王は、現在ならこれだけで十分だとされるよりもずっと大きな権力を広範にわたって持つ必要があった。〔／〕

しかし、今では、真の権力は、君主ではなく首相と内閣にある。つまり、議会が任命した委員会とその委員会の議長の手中にある。だとすれば、外交を所管する委員会は、議会や国民に相談せずに、非常に重要な国際的義務を国家に負わせることができるなど
と、早合点して大胆に主張することは誰もしないだろう。内閣以外の委員会は、どれ一つとして、内閣の権力に匹敵するものを持ってはいない。さらに、内閣以外の下位の機関すべての権力に対しては、拘束や制限をどれほど慎重に課してきたかを考えてみると、とりわけ危険でとりわけデリケートな問題〔外交問題〕に関して、これほど大きな裁量権を一つの秘密委員会〔内閣〕だけに担当させていることは、非常におかしなことである。たしかに、このしくみは有益なのかもしれない。変則と見える多くのものも同じく有益なものだが、ここで論じているしくみは、一見したところ正当なものには見えない。

実を言うと、私は、両院が十分に同質的で十分な協調関係にある場合には、このしくみには利点がないと考えている。また、両院がいずれもあるべき姿になっている場合には、むしろ、このしくみは大きな短所になると考えたい。政権側が両院の多数派を得ているとしよう。ただし、何でも受け入れてしまう自発性を欠いた多数派(21)ではなく、公平で思慮分別のある多数派である。政府は正しいと考える立場にはあるが、事実に目を向けず、起こりうるどんなことにも目を背けてまで、政府は正しいと考えているわけでは

ない。優れた政府がこうした状況に置かれていたら、政府と諸外国との協定について議会に諮る方がずっとよいと、私は考えたい。この場合、政府は外交問題の解決にとって最善のものが得られる。つまり、理解と共感を伴った批判である。ただし、あくまでも批判は批判である。立法府の多数派が政府に十分協力的なら、何らかの重大で明白な失敗に実際に陥っていなければ、政府の「あら探し」をすることはないだろう。しかし、政府がそのような過ちを犯せば、立法府の多数派は、間違いなくそれを問題視するだろう。〔ノ〕

議会制に適した国では、立法府の議員の党派心が国民の明白な利益に公然と反することは決してない。反するような場合、公共の問題にいつも関心を払う国民(議会制度を運営できる国民であれば、みな関心を払っている)なら、次の選挙や将来にわたるいくつもの選挙で最大の制裁を加えることになるだろう。つまり、議員の地位を失う、ということになる。だから、イギリスの場合、議会の多数派は、あまりにもひどい条約にあえて賛成票を投じたりはしない。彼らは、自分の破滅に間違いなくつながることをするよりも、指導者を見かぎることを選ぶ。また、議会少数派の方は、長期にわたる議会政治の経験をふまえて、外国との条約に対してむやみに反対したりはしないだろう。イギリスの場合、野党の指導者には、「そっちがそうくるなら、こっちはこうだ」という子どもたちの合い言葉がよくわかっている。今ここで厳しいことをすると、次に自分たちが政権の座に就いたとき、相手方から仕返しに同じことをされるとわかっている。だから、そうした手に打って出るようなことはしないだろう。〔/〕

この傾向は非常に強い。そのためつい最近も、野党の平議員が次のように明言している。議会の「フロント・ベンチの議員たち(22)」、つまり、与党と野党双方の指導者たちは、いつも暗黙の連携を組んで、党則に縛られない独立系の議員たちの異議申し立てを抑え込んできた、というのである。多くの場合、まったくこの発言通りになっている。見せかけだけの反対がたびたび表明されるが、それは本質に迫った意見ではないため、少なくとも、個別事例の検討の中で、真っ向から反論されて潰されている。これら「独立系の議員たち」は、実際に責任を負わされるわけでもなく、誤りを犯して痛手を被ることもなさそうなので、好き勝手なことを言って無責任に振る舞うことになる。しかし、責任ある政党指導者の場合には、対立する政党と大差ない決定、あるいはまったく同じ決定を行わなければならないこともあるため、無責任な反対を断じて許そうとはしない。指導者たちは、祖国愛だけでなく自分たちの利益の面からも、外国とのしこりを永らく残すような方策を進めてまで、国内における自分や党のいっときの優勢を得ようとはしない。だから、条約交渉を進める政府は、次のように考えるだろう。この条約は後日必ず精査されるが、それは公正であると同時に寛大な精査になるだろう。また、条約について判断する議員の大多数は好意的に見てくれるだろうし、少数派の中のいちばん有力な議員たちも、本件に関しては、過激な反対論には同意しないだろう。これは、交渉担当者にとって最善の状況である。言い換えれば、交渉担当者が説明責任を負うのは、間違いなく、思慮に富む公平な人たちに対してであって、無思慮で不公平な人たちに対してではない、という状況である。

今日では、条約交渉を行う政府について、誰にでも受け入れられるような説明ができるとまでは、ほとんど言えない。政府に対する漠然とした非難は必ず出てくる。ベンジャミン・フランクリン[23]は次のように述べている。「いちばん有利な形で和平を結んだ場合でも、不十分だと非難されなかったことはないし、担当者たちは思慮が足りないとか不当だとか言われて責められた。「和平の立役者は祝福される」という言葉は別世界のものとして理解されなければならないと思う。この世界では、彼らは呪われることになるのだから」。現在でも、イギリスではきわめて頻繁に、条約に対するこういう〔厳しい〕見方がされている。野党に現実的な考えが何もなく、将来的に自分たちの妨げになりそうなものもない場合には、野党の指導者がありとあらゆる反対意見を出してくることは、ほぼ間違いない。条約の締結が済んで後戻りできなくなると、野党の指導者にはごくごく自然な願望が生まれてくる。自分たちが政権の座にいて、自分たちで交渉に当たることができたなら、もっとうまくやれたはずだと示したい、という願望である。〔／〕

他方、条約に対する批判が一切起こらない可能性もかなりある。条約が締結されて白紙に戻すことができなくなると、野党は、これについてもう多くを語る価値があるとは考えなくなるかもしれない。こういうわけで、政府は必ず批判を受けるということにはならない。それどころか、批判を免れる絶好の機会もある。しかし、何らかの批判が出てくる場合には、そうした批判が厳しく辛辣であら探しのようになることを、政府は覚悟しておかなければならない。そういう批判をするのは、無責任な反対論者であって、責任のある政治家ではない。責任のある政治家であれば、自分がもたらした難局に自分が対処しなければならない可能性があるから、そういう難局をもたらしかねないことを言うときも用心するだろう。

以上の話は通常の場合について述べたものである。他方、九九パーセントは起こらないことだが、政府が締結した条約が不出来だと酷評して、それを理由に野党が政権打倒をめざす場合がある。こういう場合の批判は、間違いなく、いちばん望ましくない性質のものであり、諸外国の感情を逆なでする言い方にもなる。反政府側の経験豊かで鋭い洞察力を持った著述家や弁士の誰もが、イギリスはうまくつけ込まれたのだということを証明しようとするのは間違いない。次のように言われた例もある。「交渉は、道義と狡智との対立だった。私たちは道義的に交渉したが、相手方は狡智でこれに臨んだ」云々。こうして野党の敵意が最高潮に達する。なぜなら、野党の動きを抑制するものは何もないからである。条約はすでに締結された。その条約は非難を浴び、条約を結んだ政党は政権の座を追われることになる。それでも、克服すべき難局は〔条約締結のおかげで〕克服された。だから、野党は、政権を握ってもその難局に向き合う必要はない、ということになる。

抽象的な理論から見れば、〔外交が内閣で秘密裏に進められるという〕現在の慣行におけるこれらの欠点は、きわめて大きなものに思えるだろう。しかし、実際にはそうではない。イギリスの政治家や政党は、本当に立派な愛国心に満ちている。だから、自分たちだけの感情や利益にとらわれて、イギリスの真の利益に反することをしてしまったり、諸外国から見てイギリスを貶めるようなことをしたりすることはめったにない。そんなことをすれば、彼ら自身が深刻な被害を被ることになるだろう。しかし、それでもやはり、現在の慣行は、これまで述べたような事態に実際になりがちである。そうした傾向をなんとか防げているのは、国民の資質と政治家たちの資質のおかげである。この資質は、慣行を変えても、まったくこのまま保たれるだろう。

この慣行を変えると、きっと多くの点で有益だろう。条約には何らかの形で議会の同意が必要ということになれば、条約が結ばれる前に本格的な議論が行われることになるだろう。条約を必要とする理由が明確に述べられる。条約に反対する理由も同様である。現状では、これまで論じてきたように、条約をめぐる議論は実質を伴わないものになっている。条約は締結済みで変更できなくなっている。そのために、揚げ足とりになるので論じるべきでないことが、しばしば論じられる。また、核心に触れてしまうからこそ、しばしば論じられるべきことが論じられていない。自国の法を制定する場合、その前に、大臣はその法案について説明しなければならない。それとまったく同様に、外国との約束事は、有効になる前に、大臣が明確に説明するよう義務づけられていれば、外交政策の扱い方は、もっと堂々としたわかりやすいものになるだろう。

以上の議論に対しては、私が知るかぎり三つの反論がある。三つだけである。第一に、外国との協定で合意に至った理由を大臣が明瞭に述べることは、いつでも望ましいわけではない、という反論である。それは次のように論じられている。条約は「一つの点で法律とは大きく違っている。政府と国民を縛るだけでなく、第三者、すなわち外国をも縛るのである。だから、自分の国の国民感情だけでなく、その国の国民感情にも配慮しなければならない。しかも、世界の現状からして、その外国が専制国家だということも十分にありえる。そうした国では議論が行われないし、議論に対する理解もない。いろいろと異なる意見が表明されてもきちんと評価されることはなく、不当な攻撃がたやすく行われる恐れもある」。〔〳〵〕

この反論は、アメリカ上院での討論と同じように、条約に関する議会での討論を「秘密会」で行って議事録を開示しない、とすることで簡単に回避できるだろう。しかし、私としては、危険も承知の上で、やはり討論は公開すべきだと考える。専制国家の国民は、現状ではイギリスのことを理解できない。彼らにとってイギリスは、「神の摂理が特権的に与えた」変則である。彼らは昔からイギリスの制度に悩まされ、その政治家に苛立ち、その新聞に対して怒りを露わにしてきた。そうした困惑や苛立ちが少しぐらい増したところで、大きな害悪になるとは、私には思えない。さらに、よく言われるように、条約に関しては、すべての事実を明らかにはできないということであれば、法律の場合も同じだと答えておこう。重要な法律はすべて、「既得権益」に大きな影響を与える。また、政治力の大きな源泉に関わるものである。だから、これらの政治勢力に対して、外国の国民の感情に接する場合と同じく、細心の注意を払う必要があるし、細かな言葉遣いにも敏感になる必要がある。大臣は、政務において細やかな配慮を怠らないよう修行を積んでいるから、不用意な言葉を口走ったりはしない。また、イギリス議会のようなところは、無作法だったり思慮に欠けたやり方を特に嫌う集会である。そういう態度で、発言者ばかりでなく議会自体や国民を傷つけることになれば、議会はそれだけいっそうそういう態度を嫌うだろう。

イギリス国民が締結すべき条約であるとしても、彼らにきちんとした理由を示せないものもあるという意見があるが、私はこれも全面的に否定したい。外交に関して沈黙されていることの多くは、言葉にしてはっきり表現した方がはるかによかっただろう。それは歴史が示していると私は思う。家族の場合、最悪なのは、たがいに決して本心を語らず、家族だという現実感が欠けた状態を続け、わだかまりを圧《お》し殺したような空気の中で暮らしている家族である。国民の場合も同じである。条約の交渉担当者が締結に至った実際の理由を知ることは、ほとんどの場合、関心を寄せている利害関係者たちにとって望ましいことである。交渉担当者もいっそうよい仕事ができるだろう。なぜなら、条約の中で曖昧になっている点の半分は、担当者が事実から目を背けていたり、自分自身の意図を明確にするために骨を折らなかったりすることが原因で生じているからである。交渉担当者が、議会のような大舞台で、条約を擁護し条約について議論しなければならない場合には、自らの意図を明らかにせざるをえなくなるだろう。

第二に、私の改革案には次のような反論が考えられる。議会は常時開会しているわけではないので、条約に合意が必要となると、会期外に議会を招集しなくてはならなくなる場合も出てくる。そうなると、条約の締結が遅れてしまうことになる。これは、議論それ自体としては〔議会閉会中に条約の締結がどうしても必要な場合に関する議論としては〕正しい反論になっているが、それ以上に拡大できる反論だとは思えない。ほとんどの条約は、締結が多少遅れても、実害はないだろう。緊急に締結する必要があるごくまれな場合は、事態が重大かつ切迫したものにちがいないので、議会の秋季開催(24)も十分に正当化できるだろう。

第三に、条約の発効に先立って両院それぞれの合意が必要だとするなら、貴族院にもっと強い権限を付与すべきだ、という反論があるだろう。この反論も、想定されている状況の範囲内では正しいと思われる。貴族院で外交政策に関して行われている討論には、しばしば優れたものがある。とはいえ、貴族院は条約締結を行った政権を交代させられないので、外交政策に関しては決定力がまったくない。それに現状で、そうした力を貴族院に与えることには、現実的な危険がある。貴族院は、庶民院と同じ指導層に率いられているわけではない。政権は、庶民院では必然的に多数派を擁している。だから、指導者たちが公正な進め方で条約を締結するなら、多数派はそれに同意するだろう。多数派は、指導層と争うことを望まないだろう。ところが、貴族院の多数派は、いつでも野党だろうし、これまではたいてい、野党の立場にあった。だから、条約は、野党の意見に忠実な批判者たちの前に引きずり出されることになるだろう。それは、「中世的原理」を固守していることが知られている建築設計図を、「古典古代の原理」に執着する委員会に付託することに似ているかもしれない。

しかし、全体として見れば、貴族層の権力を思い切って増大させても、重大な危機については実際に心配しなくても大丈夫だろうと思う。これまで説明してきたように、現在の慣行は、それを機能させている人々に良識があることではじめて機能している。新しい慣行ができても、同じような良識と実務的性質に頼らなければならないだろう。貴族院は、法律に与える同意と同じ仕方で、条約に対しても同意しなくてはならない。たとえ、貴族院自身の判断が国民や庶民院の判断とは異なる場合でも、貴族院は国民の意見と庶民院の権威に従わなければならない。決定的に重要な条約の場合には、貴族院議員もイギリス人であるから、他のイギリス人と同じ意見になるだろう。こうした場合に、国民の希望通りの行動をとることを渋るような態度を示すなら、貴族院は、国内法を制定するときに国民を徹底的に怒らせたことで学んだのと同じ教訓を、あらためて学ぶことになるだろう。ただし、そうした事態は、次の理由から起こりそうにない。内政における本質的な問題の場合、貴族の利益や感情が、他の階級の利益や感情と対立することはたしかによくある。貴族たちは、他の階級が欲しがっている権限を失いたくないと思うだろう。しかし、外交政策の場合には、同じような利益の衝突は起こらない。貴族も貴族でない者も、おそらくは同じ利害や同じ望みを持っているからである。

外交問題について、現在以上に直接的な決定権を議会に与えた方がよいと考えるとしても、条約に関して逐条的な投票を正式に行うようには要求しないでおくのが、望ましいやり方だろう。そのやり方〔逐条的な投票方式〕を採ると、時間がかかりすぎる。それに、重要ではない細かい部分に不必要に手を入れることにつながるだろう。条約に関しては、たとえば一四日間両院に提示して、期限までにどちらかの議院から反対が出なければ発効するということにすれば十分だろう。

Ⅱ

以上で、本書が執筆された後に生じたイギリス国制の変化や今後想定される変化について、私が論じるべき国内の問題はすべて取り上げた。しかし、イギリス国制について説明する中で、外国の出来事にもいくらか言及した。そこで、それらのうちのいくつかについても、少し述べておきたい。

当然のことながら、説明しておくべき変化の中でもっとも顕著なのは、フランスの例である。一七八九年以降、フランスはいつも政治的実験に取り組んできた。その実験は、フランス自身には、まだほとんど利益をもたらしていないが、他の国々に多くの利益をもたらした。現在、フランスは、イギリス国制の説明に非常に役立つような実験を行っている。本書の初版が出版された当時、多くの人々に納得してもらうのが非常に難しかった点がある。君主制を採らない国でも、イギリスで首相と呼んでいるような、実際の行政を担当する部門の実質的な長を国民議会の投票によって任免するのは可能だ、という点である。当時存在していてよく知られている共和国には、アメリカとそれを模倣した国しかなかった。これらの国のしくみは、〔イギリスとは〕まったく正反対のものだった。そこでは、行政府は、立法府の場合と同様に、国民によって任命されていた。これとは違うタイプの共和国の顕著な例は、当時はまだ存在していなかった。〔／〕

しかし、今では、フランスが一つの例を示してくれている。ティエール氏は、（一つの点を除いて）本書で繰り返し示そうとしていた行政府の長そのものである。(25)ティエール氏は議会によって任命され、また、解任される。ティエール氏はイギリスの首相とまったく同じように、議会にやってきて演説を行う。また、首相とまったく同じように議会を運営する責任がある。立法府と行政府が一体化し結合している共和国が可能であることは、もはや誰も疑えない。こうした一体性は、立憲君主制に独特の性質であるとは、誰も主張できない。

しかし、残念ながら、今のところ、フランスの実験からは、そうした国制も可能だと推測できるだけである。それが悪い国制になるのかよい国制になるのかについては、

まだわからない。フランスの状況が非常に特異なのである。しかも、特異な点が三つある。〔2〕

第一に、議会制共和国という共和国の中でも特殊な実験を行っている国民に関わる点である。つまり、議会が大臣を任命する共和国の実験が、控えめに言っても、議院内閣制の実施に必要な資質を持っていない国民によって行われている、ということである。おそらくは、議院内閣制に関して特に適性を欠いた国民、とさえ言った方がよいかもしれない。本書の最後の方の一章〔第八章〕で、議院内閣制を成立させる精神的条件の一つについて論じてみた。「合理性」と呼んでいるものである。ただし、これは推論能力ではなく、むしろ他者の論拠に耳を傾ける能力、そうした論拠を自身のものと冷静に比較検討した上での結論に従う能力を意味している。しかし、フランスの議会で論拠を突き合わせるような議論をするのは、容易なことではない。フランスでは、どの議会の場合でも複数の党派にわかれるし、党派のそれぞれが、さらにいくつかの分派にわかれる。どの党派も、どの分派もほとんどすべて、自分たちが特に嫌っている話が耳に入ってくると、不平不満の声を上げるどころか、すぐに絶叫しはじめる。フランス人にしかできない絶叫の仕方である。こういう気質の議会では、中身のある議論を行えるわけがない。

議会が人選も政策の選択も行えないのだから、議院内閣制自体が成り立たないことになる。〔／〕

復古王政下のフランス議会は、もっと静かだったように思われる。おそらく、制限選挙のおかげで、意見が異なる党派がそれほど多く入ってこなかったためだろう。それで、当時のフランス議会には、騒ぎの元が減り、その種類も減っていた。[26] しかし、四八年共和制議会は、極度の無秩序状態となった。私はそれを現地で目撃したのではっきり言えるが、この議会では、重大問題について落ち着いて議論するのは不可能だった。[27] 議会には、進んで話を聞こうとする人はひとりもいなかった。現在のヴェルサイユの議会も明らかに同じ状態で、ひどい騒乱状態にときどき陥っている。[28] こういう議会が支配する内閣も、特有の困難の下に置かれるにちがいない。なぜなら、主権者としての議会そのものが、不安定で気まぐれで乱暴だからである。

困難はいっそう大きくなっている。議会に対するフランス国民の抑制の力がなく、あってもほんの少しだからである。あるいは、ほとんどないからである。フランス人は、国民全体として、議院内閣制に無関心であり、その真価がわかっていない。本書では、議院内閣制を運営することが、未経験の人々にとってどれだけ困難なことなのかを説明することに努めてきた。また、教養のない人々が、どれだけ自然に、つまりどれだけ簡単に、君主に忠誠を誓うのかということについても説明することに努めてきた。議会に期待しない国民は、議会を抑制することも罰することもできない。フランスでは、議会に対する期待があまりに低いので、獲得して当然のものさえも得られないのではないかと私は懸念している。現在は、普通選挙制になっているが、有権者の平均的な知性と教養はきわめて低い。そういう知力や教養のままで、長いあいだ権威に隷従し続けてきたのである。フランスの農民は、他のどんなことよりも、現在の知事に気に入られることを大事にする。農民はあまりにも無知だから、自分で議会を監視したり抑制したりできないし、とことん臆病だから、いちばん身近な行政当局が嫌がるなら、自分で当局の監視や抑制をしようなどとは思わない。議会制に徹した共和国という実験、つまり、議会が行政府を任命する共和国という実験は、きわめて具合の悪い状況にある。なぜなら、フランスでは、議会が悪化していく可能性も、また、そういう悪化した状態が野放図に露呈してしまう可能性も、異常なほど高いからである。

次に第二の特殊性についてである。フランスの現在の政治体制は、イギリス国制の実効的部分の全体を模倣したものではなく、部分的な模倣でしかない。イギリス国制の場合、名目的には君主が議会解散権を持っているものの、それを実質的に持っているのは首相である。しかし、ティエール氏には議会解散権がない。だから、私は、通常の状況でも、ティエール氏の政治運営はすぐに行きづまってしまうと考えている。その結果がどうなるかというと、本書で説明に努めたように、議会はいつでも政権を交代させるようになる。イギリスでなら、それほど頻繁に政権を交代させると、〔議会解散という〕懲罰が下るのだが、そういうことを恐れる理由がないので、議会は月に一度の政権交代でも喜んで進めることだろう。気まぐれということが、雑多な要素から構成される議会に特徴的な短所である。だから、何らかの抑制を加えなければ、議会は、ひっきりなしに政権を変えていくだろう。〔ノ〕

ところが、現在のフランス憲法に特有のこうした危険は、この国の特異な事情によって歯止めがかけられている。国民議会は、ティエール氏を解任しようとしなかった。なぜなら、議会は、現在の嘆かわしい状態では、ティエール氏を辞めさせることなどできないからである。ティエール氏は、〔指導者の地位に〕必要な評判を独占している。彼が名声を独占できたのは、帝政、つまり、彼が常に反対してきた帝政のおかげである。この二〇年間、フランスでは、大きな政治的名声が出現しなかった。皇帝の支配が続き、他の政治家が統治能力を示すことができなかったのである。ルーエル氏(29)は、幅広い真の実力の持ち主だったが、国民には皇帝の手先だと思われていた。たとえそう思われていなかったとしても、帝政支持派の実力者だったので、帝政に対する最大の反発が起こった直後に政府の指導者に選出される可能性はなかった。〔／〕

こうした二〇年におよぶ静まりかえった状態よりも前の時期の指導者で、議会を指導し支配できる能力の持ち主として知られていた実力者は何人かはいたが、ティエール氏だけが、体力面でも、そうしたことを再開できる唯一の人物だった。奇跡的なのは、彼には、七四歳になった今でも、依然として議会を指導する能力が残っていることである。議会制度を切り盛りできる実力者が他にいなかったので、ティエール氏を選ぶことが最善の策となっただけでなく、唯一の策ともなった。仮にティエール氏が追放されるようなことがあるなら、他の人物を選び出すのはきわめて難しくなるだろう。そうした難しさが、彼を今の地位にとどめているのである。危機が起こるたびに、議会はティエール後の「大洪水」を予感する。その予感が、彼の政治生命を支えているのである。大統領の交代は、法的には簡単なことだが、実際に行うのはほぼ不可能である。なぜなら、こうした変化は、大統領の交代だけで終わらずに、もっと大きな変化につながりかねないからである。政治体制の変化にまでなる可能性はかなりある。君主制や帝政をもたらすかもしれないのである。

最後に、フランスの状況の第三の特殊性である。ティエール氏の地位がもたらす当然の結果のために、彼は議院内閣制の首相の場合と同じような仕方では統治を行っていない。ティエール氏は、本人が自慢しながら語っているように、一つの政党専属の指導者ではない。それどころか、どの政党にとっても欠かせない人物になっていて、どの政党からも大臣を選任している。彼の組閣の仕方だと、どの問題に関しても閣僚たちの意見が一致しない内閣ができあがる。ティエール氏自身が、すべての閣僚にたびたび異論を唱えるような内閣である。閣僚の選任権は、完全にティエール氏の手中にある。普通は、議院内閣制の首相は、自分の思うがままに閣僚を選任することはできない。彼は党のおかげで首相になっている。首相の地位を支えているのは党である。だから、党は自分たちが首相を支援しているのと同じように、首相も党の人たちを支援すべきだと要求する。党のおかげで国家の最高の地位を与えられているのだから、首相も、次の地位を党の人間に与えるべきだということになる。しかし、ティエール氏にはそういう制約がない。自分の好きなように閣僚を選任できるし、実際にそうしている。ティエール氏は、組閣するときも、議院を運営するときも、普通の議院内閣制の首相だったら従わなければならないことに従っていない。彼は、一時的な例外なのである。持続性のある条件の下での見本ではない。

現行のフランス憲法は、純粋な議会制共和国とか、君主のいない君主制といったものを考える際に、私たちの想像力を有益な形で補助してくれるものとして用いることができる。しかし、これまで示した三つの理由〔フランスの特殊性〕のために、こうした点での補助ということを超えて、もっと多くの役に立つものがあると考えてはならない。この憲法は、あまりにも独特な性質で、偶然的要素もあまりに特異であるために、他のどんな憲法にとっても手引きにはなりえないのである。

アメリカ憲法については、本書では、イギリス国制と比較しながら数多く言及した。また、アメリカ憲法に関しては、本書の執筆以来、非常に幅広い経験を得てきた。私の主な目的は、行政官としての大統領の職務と首相の職務を比較対照することだった。そして私は、多くの紙幅を割いて、重要な一点でイギリスの制度がアメリカよりもずっと優れていることを明らかにした。イギリスでは、首相は議会によって選任され、立法府で優越的な立場にある議院〔庶民院〕の意のままに解任可能であるため、首相は確実に庶民院をあてにできる。もし首相が自分の政策を進めるための法律を制定したいと思うなら、首相はその通りにできる。だから首相は、その政策を実施できるわけである。しかし、アメリカ大統領には、これと同じような保証がない。大統領は、一定の時期に一定の方式で選出される。議会(上下両院のどちらも)の選挙は、別の方式で別の時期に行われる。大統領と議会を結びつけるものは何もない。実際のところ、両者は絶えず反目している。

本書が執筆されたのは、リンカン氏の〔大統領〕時代である。当時は、南部との戦いの中で、議会と大統領と北部全体が一体化していた。本質的な不和を明白に示した例は、その頃には一つもなかった。しかし、本書の元になったいくつかの論文が『フォートナイトリー』(30)誌に執筆された時点と、その後、それらが単行本としてまとめられて刊行された時点とのあいだに、リンカン氏が暗殺され、副大統領のジョンソン氏が大統領になった。それからおよそ四年が経っている。このように時間が経過していく中で、大統領制に特有の問題点が、非常に際立った形で明らかになった。大統領と議会は、緊密な一体化(あるべきよい統治にとって本質的なことだが)とはほど遠い状態にあり、友好的な関係にもなっていなかった。両者は、継続的で調和のとれた協力関係ではまったくなかったために、いつでも相手を妨害しようとしていた。大統領が南部の秩序回復案を示すと、議会はそれに一言もふれずに別の案を提出した。大統領は、憲法が許すかぎり、議会に対して拒否権を発動した。議会が、大統領の意志に反して自分たちの案を通過させると、大統領は最大限の権限(これはきわめて大きなものである)を使って、法律を運用する中で議会を妨害した。〔／〕

こういう争いは、大半の国の場合であれば、法を超えたものになって、暴力へと発展するだろう。世界中で、いちばん法を大切にする国アメリカでも、法の逸脱すれすれの争いになった。ジョンソン氏は、立法府でいちばん民衆的な部門である下院を「政府の端っこにぶら下がった」機関だと述べた。下院はジョンソン氏を、法律の強制力を頼って弾劾した(31)。これによって彼を自発的な辞任に追い込めるかもしれないと、下院は期待したのである。この事例以上に、アメリカ憲法が憲法として適切に機能しないことを決定的に示した事例はない。立法府は行政府に敵意を抱くことで、また行政府は立法府に敵意を抱くことで、互いに束縛し合うことになったのである。その結果、立法府は、行政府の束縛から逃れようとして、行政府の行為の違法性を非難することに努めたが、うまくいかなかった。立法府は、大統領の法的な権限を本当に恐れていた。それで、公平でないやり方だったが、大統領に法を逸脱する行為があったとして告発したのである。そこで、このようなアメリカ憲法への非難となるわけだが、これがかえって、アメリカ人の政治的な性格に対する大々的な賞賛になってしまうのである。アメリカ人ほど楽々と、また完璧に、こうした試練に耐えられる国民は数少ない、いや、ほとんどいなかっただろう。

この事例は、大統領と議会とのあいだでこれまでに生じた衝突のうち、いちばん顕著なものだが、こうしたことは今後もおそらく生じることだろう。おそらく合衆国は、これから長いあいだ、重苦しい理由から一つのことを記憶にとどめていくことになるだろう。南部の秩序を回復するためにアメリカ人のすべての力と英知とを結集する必要があったいちばんの重大時期に、もっとも見苦しく不名誉な争いに陥って、政治方針の対立を生じさせたという記憶である。しかし、この出来事の経緯を正確かつ詳細にたどることは、未来の有能な歴史家に任せよう。まだ日が浅いので、私としても、そうした検討を十分に行えるほど、これを熟知しているとは言えないのである。私が自分で、この出来事から十分な教訓を引き出すことはできない。私が前もって言えるのは、今後得られることになる教訓は、きわめて重要で興味深いものになるだろうということだけである。

しかしながら、南北戦争の勃発と本書の出版以降にアメリカで起きた一連の出来事の中で、詳しく論じておきたいことがある。財政問題についてである。これは私が特に研究してきた分野の問題ということもあって、比較的判断しやすい。なぜなら、きちんとした統計上の推論で扱えるものならすべて、金銭の問題に関する重要な結果は、あらゆる人々に届くし、彼らの興味を引くことになるからである。また、南北戦争との関係で生じたアメリカ財政史上の事件はすべて、議院内閣制と大統領制の違いをはっきり示してくれる。

議院内閣制の抜群に優れた点は、公共の問題を処理する各段階で議論が行われ、国民がこの議論に参加することである。国民は、議会を通じて、自分たちの要望を実行に移してくれない政府を倒して、要望を実現してくれる政権に交代させることができる。しかし、大統領制の特徴は、たいていの場合そうした議論が行われないということにある。議論になってもそれで行政府の運命が変わることはないから、国民は議論に無関心である。行政府は、大体のところでは、自分の望み通りのことをかなりの程度しているし、国民の要望を無視している。政府を常時抑制しているものがあるとすれば、それは、国民の感情を過度に損ねてはならない、ということである。国民はたいてい、無関心である。しかし、政府が大きな失敗をすれば、国民は関心を持つ。時期が来れば、国民はそれを思い出し、政府を打倒するだろう。この政府の権力は短命だと告げて、瞬時にその権力を無力化してしまうだろう。数多くの方法で、政権の座にある者を耐えられなく不愉快な思いに追い込むだろう。自由な国民の場合は、そうした数多くの方法を駆使して、自分たちが以前の選挙で選び、次の選挙で落選させるか再選させるかすることになる支配者に対して、絶えず働きかけることができるのである。

アメリカの財政状況は、いちばん目につく結果だけを見るかぎり、さしあたりは、たしかに良好な状態で推移してきたように見える。これまで政府は、歳出を大幅に超える歳入を得ることができた。南北戦争以前の一八三七年から一八五七年のあいだでさえそうだった。ウェルズ氏[32]は、奇妙なことだと思われるだろうが、と前置きをした上で、次のように論じている。「様々な財源から得られた国庫の年度末の歳入残高が、前年度の全歳出を超過していなかった年度は、一つもなかった。またその一方で、歳入残高が、前年度の一二ヵ月の歳出総額を大幅に超過した年度も少なくなかった」。しかし、戦争勃発以前の財政の歴史は、それ以後に生じたこととはまったく関係がない。次の数字は、南北戦争終結後の歳入超過を示している。

年度（六月三〇日締め）	超過金額（ポンド）
一八六六年	五五九万三〇〇〇
一八六七年	二一五八万六〇〇〇
一八六八年	四二四万二〇〇〇
一八六九年	七四一万八〇〇〇
一八七〇年	一八六二万七〇〇〇
一八七一年	一六七一万二〇〇〇

議院内閣制の実際の動き方を少しでも知っていれば、どの議会にしても、これほど巨額の余剰金を政府が抱え込んでいるのを許すことがあるとは、夢にも思わないだろう。対仏戦争で、イギリス政府は、イギリスに幸せな勝利をもたらして、ワーテルローの栄光に導いた。その結果、この政府は、懐中選挙区や大蔵省の支援から力を得て、おそらくかつてなかったほどの、またおそらくその後にも現れなかったほどのきわめ

て強力な政府になった。この政府は、かなりの歳入超過を維持して、これを国債の償還に充てることを提案した。しかし、このときでさえ、イギリス議会は承認しようとしなかった。行政府は、〔対仏戦争の勝利という〕善と〔貴族支配が有する〕悪の両方から得た権力を総動員しても、議会に屈服しなくてはならなかったのである。所得税が廃止され、それで超過分は減殺された。また、国債を大幅に償還する機会もすべて失われてしまった。〔／〕

実際、課税はかなりの痛みを伴うもので、強力な言論機関や活動団体を持っている敏感な社会では、大幅な歳入超過を保つことはきわめて困難である。野党は、そんな課税は必要ないし、要求されてもいない、無謀だ、と批判し続けるだろう。その叫び声は、あらゆる選挙区になりひびく。大都市では連日大集会が開かれ、小さな選挙区でさえ、たいてい小集会が開かれることになるだろう。議員の誰もが選挙区の有権者から圧力をかけられるだろう。この件に関しては、都市も田舎も関係ない。地方のジェントルマンや農場主たちも、都市の誰にも負けないくらい高い税金を嫌っている。これまでイギリスでは、国債を完済する目的で重税をかけて、大きな歳入超過を保つという方法は採れなかった。だから、アメリカのような巨額の歳入超過を続けることは、明らかに不可能だろう。

イギリスとアメリカの違いはある部分、たしかに、政治的な原因ではなく、経済的な原因から生じている。アメリカは、租税に敏感な国ではない。おそらくこの点で、この国以上に気にかけない大国はこれまでなかった。少なくとも、イギリスよりも断然気にしていない。実際のところ、アメリカは非常に豊かである。日用品の製造業は、普及度も熟練度も生産性も、非常に高い。そのため、税負担のことをあまり気にかけるということもない。アメリカは、旧世界〔ヨーロッパ〕の国々が長年の苦労を経て手に入れた科学的な成果や技術、熟練労働力のすべてを元手として利用し、開拓地の豊かな土壌の開墾や豊富な資源を蓄える鉱山の開発を急速に進めている。その結果が、言葉にならないほどの富となっているわけである。議院内閣制を採っていたとしても、アメリカのような社会なら、イギリス人よりもはるかに容易に税を負担できるだろうし、進んでそうするだろう。

しかし、この点での物質的な違いは、政治的次元での国制の違いに比べれば、重要性はさほどない。もし、アメリカが議院内閣制の下にあって、巨額の歳入超過を続けながら高額の課税を行えば、自国そのものに大きな損害を与えていることをすぐに確信することになるだろう。アメリカは、重要な義務を果たさないで、大きな不正を犯している。企業側が支払わなければならない税の額を引き下げることによって企業を助けるどころか、逆に、痛めつけて撤退させてしまうことによって、後世の人々に対して不正を行っているのである。〔ノ〕

〔後世への不正と言える点として〕第一に、現在の高額の課税を続けていくことによって、自由貿易の諸原則に反する多くの種類の課税を手つかずのまま残さざるをえなくなる。巨額の関税が欠かせなくなる。だからといって、〔その代わりに〕同額の内国物品税を課すことは、たとえアメリカ人が望んだとしても、ほとんど不可能だろう。その結果として、アメリカ人は政府に納税するだけでは済まなくなっており、〔保護政策のために高額の国内産の物品を購入することで〕同じ市民の一部に対して金銭を拠出して、すでに存在する必要がなくなっている産業を養うことにまでなっている。これは、今では不適切な投資である。なぜなら、他の産業であればもっと多く納税していただろうし、今後〔保護政策のおかげで〕当の産業の債務弁済が終わって関税が撤廃されると、そのことが多額の業績赤字を出す原因になりかねないからである。こういう事態になれば、企業活動は自然な進路に復帰するだろう。人為的に保護された企業は、まずは業績不振に陥り、次い

で廃業に至るだろう。この企業に投入されていた固定資本の価値は全面的に低落して、その多くは無価値になるだろう。〔2〕

第二に、商工業への課税はどれも、様々な形で、課税された商工業に弊害をもたらしている。様々な課税が次々に行われると、多くの点で企業活動の妨げになり、生産能力の著しい減退につながってしまう。現在のアメリカは、重い鎖を引きずりながら仕事をしている。今後一、二世代のあいだはかなり高額の税金を払わなければならないかもしれない。たとえそうだとしても、この重い鎖を軽くすれば、アメリカにとっては、おそらくもっとよい結果をもたらすことになるだろう。将来世代は、〔税収面で〕本当に役立つことになる。なぜなら、彼らははるかに裕福になり、そのために、政府の経費が多少増えても、それに気づかなくなるからである。この〔課税軽減のメリットに関する〕原則は、議院内閣制の場合であれば、いろいろな形で、絶えず教え説かれてきただろう。政党は、党を挙げてこの原則を説くことに専念しただろうし、議会では、党の考えを国民に広めるための手段として、些細な点をめぐって、動議が繰り返し提出されただろう。そうすれば、最後には、間違いなく、動議に込められた考えが一般に知れ渡るようになっていただろう。政党は、国民に歓迎される正しい教訓を説かなければならなかっただろう。

こういう教訓であれば、すぐに習得される。〔／〕以上の比較検討から、次の結論が得られる。大統領制の場合は、議院内閣制の場合よりも、巨額の歳入超過を続けるのは容易であるが、その是非を検討することに関しては、議院内閣制と同じようにはできない。そのため、大いに有益な場合であれ、非常に有害な場合であれ、見境なく歳入超過を続けてしまうのである。

ただし、この点に関する大統領制と議院内閣制との比較対照は、単純に白黒がつけられるものではない。議院内閣制の短所の一つは、おそらく、国債償却のために歳入超過を続けるのが難しいということである。大統領制はこの欠点を免れているが、今述べたように、有益な場合だけでなく有害な場合にも超過を維持しがちだという欠点がある。しかし、その他すべての点で、議院内閣制は、議論が絶えず行われるということにおいて、大統領制と比較して財政面で完全に優れている。議院内閣制は、たった一つの場面では、よい結果だけでなく悪い結果をもたらすこともあるが、たいていの場合、よい結果だけをもたらす。これに関して、最近のアメリカで生じた事例が三つある。

第一に、ゴールドウィン・スミス氏(33)──アメリカに関して彼以上に辛口の批評家はいない──が何年か前に正しくも指摘したように、合衆国政府が犯した大きな失策は、いわゆる「正貨法」(34)である。これによって、財務省が発行する不換紙幣がアメリカにおける唯一の通貨となった。当時、不換紙幣発行の誘惑はきわめて大きかった。なぜなら、多額の軍事費が必要な場合、誰にも負担をかけずに、すぐにこれを調達できるからである。八〇〇〇万ドルもの硬貨を、政府発行の紙幣で代替するということは、国内でどんな目的にも使える八〇〇〇万ドルを新規に借り入れることと同じである。貴金属が要求されていないときには、つまり、この場合〔南北戦争の場合〕のような国内での費消が目的となっているときはいつでも、政府が必要としているものは、紙幣での支払いになるだろう。しかも、紙幣発券額の全額を購入に充てることができるわけである。〔／〕しかし、解決がきわめて難しい問題を安易な方法で乗り切ろうとするあらゆる場合と同じように、不換紙幣の発行は、最大の損害につきまとわれる。そこまでしなくても、こういう場合には普通の方法があっただろうし、〔そうした方法を使えば〕難局は難局にならずに済んだことだろう。難局を切り抜けられる既知の簡単な方法があっただろう。よく知られていることだが、政府が発行する不換紙幣は、アメリカの通貨の事例が示すように、必ず短期間で巨額になる。紙幣の価値は、硬貨よりも間違いなく低落する。物価が必ず混乱に陥り、市場は大荒れとなる。貸し手が大損し、借り手が不当に得をすることになるのは、確実である。アメリカの場合には、さらにもう一つの害悪が加わった。アメリカは新興国だったので、財政上の必要が生じたときには、旧世界の国々から借り入れなくてはならない。ところが、旧世界の各国は、無制限の不換紙幣が発行されそうだということに驚いて、一切貸し出しをしようとしなかった。こうして、アメリカは、通商上の信用をはるかに超えるものを〔以下に述べるように〕失うことになった。〔／〕

イギリスの大商社は、ヨーロッパ諸国に、他国の情報をいちばん自然かつ有効に伝えてくれる(35)。これらの大商社が、南北戦争の進み具合の正確な情報を伝えることに金融面での関心を寄せていたら、正確な情報が提供されていただろう。しかし、アメリカの北部諸州はロンバード街(36)で起債しなかった（あの粗悪な紙幣では起債できなかった）ので、ロンバード街は、アメリカに関心を持たなかった。そのため、イギリスは、南北戦争の進み具合について非常に不完全な情報しか得られなかった。こうしてイギリスは、先行き不透明で複雑さをきわめていたアメリカの全体状況について、いつもなら持っていた判断材料を持たずに、また（政治問題に関する「シティ」の示唆は、非常にひっそりと気づかれないように行われるので）、国内には判断材料がないことを知らずに判断しなければならなかった。

もちろん、この誤り〔不換紙幣の発行〕は、生じうる誤りだったし、おそらく、議院内閣制の下でも生じたかもしれない誤りである。とはいえ、その場合であれば、生じた結果は徹底的に解明されていただろうし、効果的な対策も講じられていただろう。世界に知られている中で、もっとも偉大な審議機関であり、もっとも偉大な討論機関でもあるアメリカ議会が全力で、この問題に取り組んでいただろう。一年か二年過ぎるうちに、アメリカ国民は、自分たちがこの問題を理解できるようになるまで議論を尽くすよう、あらゆる形で議会に迫っただろう。しかし、大統領制の下では、議論を喚起する力が弱いために、アメリカ国民が与えられた情報は、極度に不十分だった。その結果、一〇年近くつらい経験をしたのに、今でもアメリカ国民は、不換紙幣に自分たちがどれほど苦しめられたのかがわかっていない。

とはいえ、南北戦争のあいだアメリカ政府が行った課税の方式は、大統領制の欠陥を示す顕著な例としては、不換紙幣の例にすら勝っている。これについて、ウェルズ氏は次のように論じている。

まずはじめに直接税と間接税がすべて〔課税方式から〕除外された。アメリカ議会には、はっきりした懸念があったためである。つまり、国民がこれらの税制に不慣れであること、課税額を査定し徴収する機関がまったく整っていなかったこと、これらの税制の採用が国民の反発を招いて戦争の力強い遂行の妨げになってしまうことへの懸念である。そのため、議会は当初、輸入税の引き上げで税収増を図る方策の策定にとどまろうとした。〔ところが〕戦争が実際に始まってから四ヵ月も経たないうちに、年二〇〇〇万ドルの直接税が各州に割り当てられ、八〇〇ドルを超える収入については、その三パーセントが所得税として課されることになった。直接税は法制化の八ヵ月後、所得税は一〇ヵ月後に実施された。もちろん、これらの法律は、連邦政府に忠実な諸州だけで施行されて、ただちに効力を発揮することになったが、比較的小さな税収しかもたらさなかった。すぐに課税対象が拡大されたが、戦争の二年目は、物品税や所得税、印紙税ならびにその他すべての内国税から得られた税収の総額が四二〇〇万ドルを下回った。ひと月あたり六〇〇〇万ドル、年換算で七億ドル強の支出超過が生じていたときに、この税収だった。直接税や内国税という税制は、全体的に、国民にとって新奇なものだった。また、政府の役人たちは、この税制の運用の経験がまったくなかった。そのことは、次の事件がよく物語っている。財務長官は、一八六三年の報告書でこう述べている。長官は、財源を確定するために、非常に有能な人物を登用して、実務家たちの助力を得ながら、前年度の内国税の各課税対象から得られる税収を概算した。その見積もりは八五〇〇万ドルに達した。しかし、実際には三七〇〇万ドルしか入ってこなかった。(37)

これと同じことが議院内閣制でも起こりうることはたしかである。しかし、その場合には、多くの議員たち、つまり野党が一丸となって問題解明のために活発に動くことになるだろう。また、財政に関するあらゆる原則が持ち出され提示されるだろう。〔問題を照らす〕光は下からではなく上から、つまり、国民から議会へ向けてではなく、議会から国民に向けて放たれることになるだろう。ところが、アメリカでは正反対のことが起こったのである。ウェルズ氏は、さらに次のように続けている。

しかしながら、連邦政府に忠実な各州において、その州民は、税金というこの問題に関しては、統治者以上に強い信念と熱心さとがあった。やがて、現状に対する人々の不満が公然と表明されることになったのである。意見を表明した州はどこも、課税は、可能なすべての形式で、即座にかつ最大限に、実効性のある強制的な形式で行われるべきだと主張した。これに刺激されて、連邦議会は、自分たちの活動を支える人々の感情に十分に依拠する形で、ついに毅然とした態度で熱心にこの問題を取り上げ、内国税と直接税の制度を考案し実施することになった。この税制の普遍性と特異性はいずれも、文明社会の歴史にそれまで記録されたものの中では、おそらく類例を見ないものであるし、これからも経験されそうにないものである。当時の状況では、とにかく歳入の確保が必要だった。巨額の税収を迅速に得るために当時認められていた唯一の原則——これを原則と呼べるなら——は、ドニブルック(38)の市を訪れた昔気質《かたぎ》のアイルランド人が「頭を見たら必ず殴れ」と助言することによく似ていた。つまり、品物や生産物、売買、職業など何でもよいから、収入源を見つけたら必ず課税すべし！という原則である。まもなく、そうする命令が出されて、国民は喜んでこれに従った。五〇〇〇ドル未満の収入には五パーセントの税率が課されることになった。この場合、収入六〇〇ドル以下と実際に支払った家賃は、課税対象外とされた。この額は、当時、小家族が最小限度の生活必需品を得るのに必要な額を意味していて、これで日雇いで暮らす人々すべてをこの税法の適用対象から外せると考えられていた。以上の五パーセントに加え、五〇〇〇ドル超、一万ドル未満の収入には二・五パーセント、一万ドル以上の収入には五パーセントの累進的な税率がさらに加えられることになった。これら以外には、どんな控除もどんな免除も認められなかった。(39)

さて、以上はすべて、議院内閣制の下で起こる事態とは正反対の望ましくない事態である。議院内閣制なら、課税が遅れることはなかっただろうし、全国的な課税推進運動も不要であり、行き過ぎた強制的な徴税も許されなかっただろう。この最後の論点については、わざわざ詳細に論じる必要はないと思う。議院内閣制の場合、不適切な課税がもたらすいろいろな弊害は、会期中でも会期外でも、必ず議会の耳に強く響いてくる。税金を払わなければならなかった何人かが、議員に話を聞かせるのはまったく確実である。すべてを課税の対象にしようとし、あらゆる所得に目を光らせるアメリカ流の課税方式は、世論に耳をそばだててすばやく反応する政府の下では試せなかっただろう。

以上いくつかの論点について長々と論じてきたが、そのことを申し訳なく思う必要はないだろう。なぜなら、取り上げた点はきわめて重要なものだからである。第一級の国々の場合、その国民の目の前にある現実的な選択肢は、大統領制か議院内閣制のどちらかである。議論による政治を行わない国は、第一級の国にはなれない。また、現存する政治体制の中で、議論による政治を行っているのは、大統領制と議院内閣制の二種類だけである。国民が議論による政治を選ぶしかないのなら、このどちらかを選ばなければならない。したがって、これら二つの政治体制を比較して、経験が与えてくれる証拠と事実とに基づいて、どちらが優れているかを判断することほど重要なことは他にないのである。

ウィンブルドン、ポプラーズ(40)にて
一八七二年六月二〇日

補論　選挙法改正について

一八五九年、私は、次に行われる選挙法改正の枠組みについて論じた長いパンフレットを出版した。(1) 本書〔一八六七年初版〕の最終章の末尾でも、同じ内容を扱っている。この「補論」では、そのパンフレットの文章からいくつか引用しようと考えたが、私の意図に最適なくだりを見つけ出せなかった。そこで私は、そうするよりも、パンフレットと同じ構想を述べた以下の論文を掲載する方が適切だと判断した。この論文は、一八六四年一二月二四日付の『エコノミスト』に掲載されたものである。

＊　　　＊

「簡潔な選挙法改正構想」

先週の記事では、選挙法改正問題がなぜこんなにも難しいのかについて論じた。人々は、新しいものに心を傾け、変則的なものを受け入れ、これまでとは違うやり方を認めなければならないということを示した。そうしないと、遅かれ早かれ、民主制の到来は避けられない。巨大な熟練工の階級が数を増して、知性を蓄え、自分たちの政治的な意向をいっそう強く示すようになっている。近い将来この階級は、イギリスの政治体制の中で一定の地位を認められることになるだろう。現時点でも、熟練工階級は独自の地位を占めていると世間では考えられている。選挙区のすべてを単なる数という単一の基礎の上に置くなら、いちばん多い数を擁する階級が、どの選挙区でも必ず圧勝することになる。ドアを開け放って、労働者階級の入場を許可するとどうなるだろうか。労働者階級はどの地域でも最大多数を占めることになるだろう。イギリスがアメリカの劣化版になって、下層階層がみな等しく専制的だが、みな同じようには知的というわけではない国になるのを望まないのであれば、何か新しい計画や特別の手段、これまでになかった構想が必要になる。私たちは、変則を採るか民主制を採るかを選択しなければならない。

第三の道はない。

それでは、現状の維持に十分な程度の必要最低限の変則とは、どんなものだろうか。次に考えなければならないのは、この問題である。労働者階級に全権力を与えずに一部の権力を与えるとすると、もっとも効果的でもっとも多くの労働者を含んで、もっとも受け容れられやすい方法の中で、もっとも優れていて簡潔な構想とはどんなものだろうか。どうすれば、国制全体を労働者階級のために犠牲にすることなしに、国制を彼らと共有するように譲歩できるだろうか。

この問題を解く前に、まずは現実の世界を慎重に見なければならない。とりわけこの問題に関しては、他のどんな問題以上に、事実から目を背けたり理論をもてあそんだり、詭弁で誤魔化そうとしたりしても無意味である。ここで扱っているのは、政治の実務というむき出しの生《なま》の現実である。だから、データの誤読や間違った構想は、どんなものでも、間違いなく嘆かわしい失敗につながる。私たちは、問題を現実にあるがままの形で受け止めなければならない。そうしないと、問題に向き合ってみたところで何の役にも立たない。

しかし、実際の改革運動に目を向けると、労働者をめぐるこの問題が、実践面においてまったく別の問題とわかちがたく結びつき混同されていることがすぐにわかる。イギリスには、自分たちは十分な代表を送れていないと考えている大勢力がもう一つ存在している。それで、この勢力は、自分たちが本来占めるべき地位を占めていないし、不当なほど高く評価されているが、知性も乏しく、活力に欠け、政治的な能力においても劣る別の勢力によって抑圧されて隅に追いやられ、日陰者にされていると思っている。私が言っているのは、産業界の新興の富裕層のことである。過去三〇年間に生まれた金持ちの多くは、この三〇年のあいだに行われた国制上の決着に不満を持っている。彼らは、不平不満を抱えている。新興の富裕層は、自分たち以上に歴史があって高貴であるものの活力に乏しい階級〔地主階級〕によって日陰者にされていると信じている。これらはいずれも、否定できない点である。〔ノ〕

はじめてイングランドで代表の割り当てが行われた頃、イングランド南部は、いちばん家柄もよい人々が住む土地だった。それだけでなく、いちばん裕福で活力に富んだ土地でもあった。イングランド海軍のことが知られている地方なら、デヴォンシャー(2)の各港の名を知らない者はいなかった。今となっては古びて廃れた港町でも、当時は活気にあふれ、賑やかな市場が開かれていた。新規事業が熱心に企てられ、当時の知性豊かな人々で輝いていた。他方、イングランドのトレント川以北の地域は、かつては人の手が入っておらず、過酷な土地で人口も少なかった。だから、当然のことながら、税金(当時の言葉では納付金)の負担は産業と富の蓄積の点で群を抜いた各小都市に回されたのだった。都市選挙区は、これにふさわしいという理由で南部に置かれ、同様の理由で、北部には置かれなかった。〔／〕

しかし、数世紀にわたる産業構造の変化が、この事情をすっかり変えた。今では北部が、イギリス国内で産業地域として活力に富んだ一員になり、発展的な部分になっている。だから、かつては栄えていても今では寂れてしまった地域から代表を取り上げて、当時まだ存在していなくても現在活発で発展している部分にこれを与えることは、イングランド代表制における本来の構想に、忠実に従うことでしかない。

改革を強く要求する動きを注意深く観察している人なら誰もが、この感情、つまり、商業と製造業の富裕層が十分な代表を送れていないという実感が、労働者階級の代表要求にどれほど密接に結びつけられているのかを理解している。労働者への選挙権拡大を煽動しているのは、彼らを雇っている製造業者である。この二つの階級は、直接の利益がいちばんわかりやすく対立していて、いつも必ずお互いに不快な交渉をしなくてはならず、悲惨な争いにたびたび陥っている。しかし、選挙権の問題では、彼らは一体になっている。事業経営者が公民の運動を主導していて、ときには労働者以上に労働者の諸権利を求めて騒ぎ立てている。その理由は単純である。事業経営者と労働者は、この問題〔選挙権拡大の問題〕に関しては、一つの利益、共通の目的を持っているのである。彼らの望みは、過去の産業の廃れた残骸で覆われている場所に、自分たちの産業の議席を押し広げることである。ウェストライディング(3)のような地域の集会で、大製造業者が、「私は現在の国制を変えたい。変えることで私の周りにいる労働者階級の代表が送り出されるべきなのだ」と弁じるとき、彼が本心からそう願っていることは疑いない。しかし、この大製造業者はまた同時に、心底こうも考えている。「私たち、つまり私や私のような人たちは、もっと大きな権力を持つべきだ。停滞的な南部が発展的な北部を支配するようなことなど、もはやあってはならない」と。

きちんとした学問的見地から厳しく精査するなら、北部の新しい世界全体が、その世界の熟練工の人々と同じく不満を募らせているということは否定できない。どちらの人々〔大製造業者と熟練工〕も、社会の中で自分たちが占めて当然の地位を占めていない。一八三二年の改正法の影響によって、イギリスにおける労働者階級の権力は弱まってしまった。一八三二年改正法は、南北間の不平等の是正に多少は着手した。新しい部分に多少の議席を与えて、古い部分から多少これを取り上げた。しかし、その当時存在していた不平等の偏りを正すほどの改正ではなかった。当時必要だった修正を十分に行ったわけではないのである。その後、三〇年が慌ただしく過ぎて、この間、改革を要求する人々は大きく進歩したが、既得権の保有者たち〔地主階級〕には、目に見える進歩がほとんどなかった。だから、一八三二年の改正法が、現在起きている諸問題を解決するものでもあったなどとは、なおさら言えないわけである。適切な改革の枠組みは、大ざっぱだがわかりやすく「北部」と呼ばれている地域の力を増加させると同時に、労働者階級の全体に権力をすべてまるごと与えることを拒否しながら、彼らに権力の一部を与えること、その両方を含むものになるだろう。

これら両方の目的を達成するために、次の方法を提案したい。相当数の議席を、重要ではない都市選挙区から工業地帯へと移して、それらの選挙区で、そこだけで、熟練工階級にまで選挙権を認めよ、というのが私の提案である。重要ではない選挙区とは、代表の削減について提案されている計画のどの削減予定一覧表にも記載されている、よく知られた選挙区のことである。この方法によって労働者階級は必要な代表を得るだろう。

しかも、労働者階級が必要とする最小限度の代表を与える、ということになるだろう。この階級は一定数の議席を持つことになるだけで、国民全体を支配することはできない。労働者階級の熱狂や偏見、もしくは空想上の利益を国民全体に押しつけることはできない。彼らが送り出す議員たちは、様々な議員の中の一つの種類でしかない。こうして、彼らは一要素として議会に貢献することになるが、議員全員を彼らから選出することにはならないだろう。同時に、本案はイングランドのより発展的な部分と発展的でない部分とのあいだにある現在の誤った区分を是正することになる。以上のような議席の移動によって、代表を得るべき人々が代表を得て、得るべきでない人々の代表がなくなる。これこそが必要な改革なのである。

この提案には、当然のことながら、反論が出てくるだろう。それによれば、この案では、国民の中の最も知性的な部分である産業地域の代表の選出を、その地域に住むいちばん知性に乏しい住民にゆだね、彼らにその排他的権力を与えることになりかねない。しかし、この反論には次のように返答しておこう。選挙権資格が引き下げられたこれらの大都市には、三名の議席を割り当て、全投票者に三票を与えた上で、これをどの候補者に入れてもよいとする。(4) こうすれば、教養のある富裕層に、少なくとも一議席を与えることになるだろう。というのも、この富裕層は常に規模の大きな少数派を形成することになるだろうし、四分の一を超える規模を持った少数派はすべて、この案によって一議席が確保できるからである。

さらに、本案は正義に適合しないという反対論も出てくるかもしれない。本案のように、都市選挙区Aの熟練工には投票を認めて、選挙区Bのまったく同質の熟練工にはそれを認めないのは不正だという理由である。しかし、検討してみればわかるように、不正は一切ない。自分以上に優れた人の政治権力を侵害してまで行使できる政治権力など、どんな人も持ってはいない(5)。真の不正は、労働者階級の全員に選挙権を与えることである。なぜなら、これにより、いっそう優れた階級のすべて、いっそう教育水準の高い階級、いっそう財産のある階級が、実質的に一票も選挙権を持たないことになってしまうからである。本案にしたがって特別な選挙区を設定することが、熟練工に限定的な権力を認めるための最善の方法だとすれば、これが不正だという非難など恐れる必要はない。熟練工の階級に権力のすべてではなく、その一部を与える改革案の提示は、選挙権を得られなかった熟練工のためにもなるだろう。もっと優れた選挙制度を示されないかぎり、私たちが最善だと考える制度に基づくのは正しい行為だと言ってよい。さらに言えば、もちろん、有権者に選ばれなかった熟練工が、有権者になった選挙区の熟練工の投票権から被害を受けることはない。彼から何一つ奪ってはいない。別の人に与える方法を彼に与える方法が見つからない、というだけのことである。

この提案が常識に根ざしたものであることが、この案を強く後押ししてくれる。選挙権を与えるべき教養を持った一大階級が存在しているが、大都市で選挙権資格を引き下げれば、この階級は選挙権を得ることになるだろう。しかし、大多数の都市選挙区には、そうした階級がいない。[6]「セットフォード[7]のどこに改革者たちが話すような教育を受けた知的水準の高い政治的階級がいるのか」と論じた『タイムズ』は正しい。そういうことならセットフォードに手をつける理由がどこにあるのか。特定の階級〔熟練工階級〕に選挙権を与えたいからこそ、選挙権資格の引き下げが望まれるのである。大多数の都市選挙区には、熟練工の階級は見当たらない。だとすると、大多数の都市選挙区で選挙権資格を変更する理由はどこにあるのか。〔／〕

これについてバクストン氏[8]が、本案に賛同する優れた議論の一つを『タイムズ』に書簡形式で寄せている。[9]「議会も人間が作るものだから、議会〔を構成する議員たち〕自身の利益のために投票する」。氏によれば、いわゆる少数派原理の全面的な採用、つまり、有権者が好きなようにひとりの候補者に複数の投票を集中させる方式が採用されると、次回の選挙で非常に多くの議員が入れ替わることになるが、こんな法案は決して庶民院を通らない。こういう投票方式だと、非常に多くの議員が、自分自身の破滅を招くことになると感じるだろう。懸念されるのはむしろ、バクストン氏が提案しようとしている改革案、つまり、貧困層よりも富裕層一人ひとりに、もっと多くの票数を与えるべきだとする改革案にも、これと同じ反対論が当てはまってしまうことである。バクストン氏の提案もまた、どの選挙区にもきわめて広範で甚大な影響を及ぼすのだから、庶民院を通過することは非常に困難だろう、という反論である。誰もがこう思うだろう。「この法案は、私の選挙区で直接私に損害を与えかねない。よくわからないことだらけだ。私は今でこそ議員の仲間入りをしているが、この斬新な制度が導入されると、議員ではいられなくなるかもしれない」。懸念されるのは、こうして、どの候補者も利己的な恐怖心だけで選挙活動を行うのが一般的になってしまうことである。

しかし、本稿で示してきた構想だと、都市選挙区の大多数は手つかずのまま残る。そうした選挙区から選出される議員は、「これはよい改革案だ。「われわれには手をつけていない」」と評価するだろう。もちろん、議席が取り上げられる地域の議員はたしかに不平をこぼすことになるだろう。また、有権者数が増大する地域でも、不満が出るかもしれない。しかし、そのまま選挙区が残る多数の議員たちの義憤が、議席を失う少数者の自分本位の考えをすぐに圧倒するだろう。ローバック氏(10)なら立ち上がって、次のように言うだろう。「もしこの国で、少数派の中でもさらに小さな部分の利己心が専制的になるとすればどうなるだろうか」と。また、幸運にも被害を免れた大多数の議員たちは、議席の取り上げに選ばれてしまった少数者のやむをえない犠牲の中に潔い愛国心を感じることになるだろう。

私が提案するのは、以上のような案である。それは変則を含んでおり、変則を含んでいればこその提案である。前にも多くの紙幅を割いて論証したことだが(11)、並はずれた変則の要素を含まないものは、成すべき仕事を成し遂げないだろう。この構想が例外的な性格のものであることは認めよう。しかし、何か例外的なものが必要とされていて、また、そういう例外は最小限度のものになっていると私は考えている。

＊　　＊

ここで示したような構想が、現時点で可能なものなのかどうかは定かではない。おそらく、人々の感情が過度に興奮してきていて、もっと平凡な構想しか期待できないのかもしれない。しかし、この論文を執筆した頃には、この構想は実施可能で、しかも、多くの悪弊を防ぐものだった。私はそう確信している。

訳注

第六章

（1）日本では、大臣は内閣の構成員、すなわち閣僚であるが、イギリスの場合、大臣(minister)には、上級大臣とその他の大臣との区分があり、前者を閣内大臣・閣僚(cabinet minister)、後者を閣外大臣と呼ぶ。両者を含む大臣全体による組織を、ministry(政権、政府)と言う。ただし、バジョットはこの両者を使いわけていない。本書では、cabinet にはすべて「内閣」の訳語を充てたが、ministry については、「内閣」と「政権」とに訳しわけた。

（2）一八六六年、首相のラッセルと蔵相のグラッドストンは、自由党内に大きな反発が予想される中、選挙法改正法案を提出した。この法案は第二読会(第七章注(18)参照)を通過したが、R・ロウ(上巻第四章注(55)参照)ら「アダラマイト」の造反によって修正動議が可決され、ラッセル政権が総辞職することになった。本文中の架空の発言は、このことを指している。

（3）ユーリック・ジョン・ド・バーグ(一八〇二―七四年、初代クランリカード侯)のこと。

ウィッグ党の政治家、外交官。多くの愛人がいて、閣僚である国璽尚書となった一八五八年には、アイルランドのハンドコック家の寡婦キャサリン・ジョセフィンとの不倫関係から、同家の遺産継承裁判に巻き込まれた。

（4）ナポレオン三世暗殺未遂事件に対するパーマストン政権の対応は、世論の強い非難を浴びて、内閣総辞職となった。上巻第三章注（15）参照。この外相は、G・ヴィリアーズ（一八〇〇―七〇年、第四代クラレンドン伯）のこと。

（5）R・A・T・ガスコイン＝セシル（一八三〇―一九〇三年、第三代ソールズベリー侯）。保守党の政治家。ディズレイリ没後の保守党を率いて、一八八五年以降、三度首相を務めた。バジョットが本章を執筆している当時、一度目のインド大臣だった（一八六六―六七年、二度目は一八七四―七八年）が、保守党が提出した選挙法改正法案に反対して辞職した。一八六五年から六七年まではクランボーン子爵という儀礼称号で呼ばれた。

（6）正方形を分割して作られる「分割パズル（タングラム）」のこと。中国の宋に起源を持ち「七巧図《チチャオツ》」と呼ばれる。一九世紀前半にはヨーロッパでブームが起きた。

（7）上流階級や中流階級の子弟が入る全寮制の私立学校。人文・古典教育を中心にジェントルマン教育を行った。イートン校、ウィンチェスター校、ラグビー校、ハロー校などが有名。「寮生代表」の原語は、head boy。最高学年の生徒の中から、成績だけでなく、人望やラグビーなどの団体競技でのリーダーシップや状況判断力なども考慮して校長が選出する。

(8) C・ダービー・グリフィス(一八〇四―一八五年)。政治家。一八五八年二月一六日、グリフィスはフランス外相ヴァレフスキ伯からの急送文書への対応(上巻第三章注(15)参照)について質疑を行ったが、これに対しフランスとの友好を強調したパーマストンの返答が、政権批判を高めて総辞職に帰結した。

(9) クリミア戦争では、国内の財政緊縮ムードから兵站活動が十分に行われず、後に大きな議論を引き起こすことになった。「生のままのコーヒー豆」云々はこの問題を指している。

(10) 上巻第一章注(13)参照。

(11) 「第二版の序文」注(22)参照。

(12) 一八三四年成立の法律。救貧法修正法とも言われる。旧救貧法は、教区単位で対象となる労働者に救貧税から低賃金への補助を出すものだった。しかし、産業化が進む中、これが救貧税の増大をもたらし、また労働者の労働意欲を削いでいるという見解が主流を占めるようになり、制度が改正されることになった。新たな制度は、政府が任命したE・チャドウィックとN・シーニアらによって設計された。国の統制による画一的な制度が導入され、救貧法委員会が設置されて三名の委員が任命された。新救貧法は、貧困者を救貧院に入れ、労働をさせるものだったが、実際には、厳しい規律の下、劣悪な環境での労働を強いられた。救貧院入りを望まないのであれば低賃金でも我慢して働かねばならない状況が生まれたが、これが自由放任の風潮の中で利潤の最大化を求める経営者たちの思惑に合致した。初代の三名の委員は、T・F・ルイス、G・ニコルズ、J・G・ショウ・ルフィーバー。一八四七年、救貧法委員会は廃止され、救貧法庁が新設された。サマセット・ハウスは、一八世紀後半、政府機関や海軍委員会、学会による使用を目的としてロンドンの中心部に建設された大建築物。救貧法委員会も置かれていた。

(13) E・チャドウィック(一八〇〇—九〇年)。ベンサム派の社会改革者。救貧法や公衆衛生の改革などに携わった。「公衆衛生の父」と言われる。救貧法委員会の事務長を務めた。

(14) G・C・ルイス(一八〇六—六三年)。ウィッグの政治家。著述家で『エジンバラ・レビュー』の編集者。大蔵大臣、内務大臣を歴任。父T・F・ルイスの後を引き継ぎ救貧法委員となる(委員会廃止の一八四七年まで)。バジョットは、ルイスの金融政策を高く評価した。このことと、義父ウィルソンによる紹介(「解説」参照)を通じて、一八五〇年代後半にふたりの交友が生まれた。

(15) ヴィルヘルム一世即位後の一八六二年、ビスマルクが首相に任命され、「鉄血政策」が進められた。一八六四年にはデンマーク戦争(上巻第三章注(11)参照)に、一八六六年には普墺戦争に勝って、プロイセンは翌年北ドイツ連邦の盟主となった。上巻収録の前章「庶民院」の初出論文が『フォートナイトリー・レビュー』に掲載されたのが一八六六年三月一五日、本章の掲載が一〇月一五日である。普墺戦争の勃発が同年六月、休戦が八月であり、本章が執筆されていた時期には、数々の戦闘でプロイセン軍が連戦連勝していた。

(16) M・E・G・ダフ(一八二九―一九〇六年)。スコットランドの政治家、著述家。自由党所属。インド省次官、植民地省次官、マドラス総督などを歴任。バジョットの引用は、*Studies in European Politics*, Edmonston and Douglas, 1866, pp. 228-9.

(17) 一八六一年に結成され、一八八四年まで続いたプロイセンおよびドイツ第二帝政期の政党。自由主義的で穏健な議会主義の立場を採って、「鉄血政策」を進めるビスマルクと対立した。

(18)「アメリカへの課税についての演説」(一七七四年)の一節(中野好之編訳『バーク政治経済論集――保守主義の精神』法政大学出版局、二〇〇〇年、一一七頁)。

(19) フリードリヒ二世(一七一二―八六年、在位一七四〇―八六年)。第三代プロイセン王。啓蒙専制君主として有名。

(20) フリードリヒ二世没後の一八〇六年、プロイセンがナポレオン一世率いるフランスに敗れた戦い。この敗戦を契機にプロイセン国制の近代化改革が始まった。

(21) ここでは、国民皆兵と民主制とのむすびつきが指摘されている。

(22) S・レイン(一七八〇―一八六八年)。著述家、旅行家。上巻第一章注(17)のS・レインの父。引用は、*Observations on the Social and Political State of the European People in 1848 and 1849*, Longman, Brown, Green, and Longmans, 1850, pp. 184-5.

(23) ドイツ南東部の王国。

(24) ドイツ南西部の王国。バイエルンと同様、神聖ローマ帝国消滅後、一八〇六年からドイツ帝国が消滅する一九一八年まで存在した。

(25) ヴォルテール(一六九四―一七七八年)。フランスの啓蒙思想家。著作に『哲学書簡』、『カンディド』など。ヴォルテールの引用は、正確には「統治の技術とは、一部の市民からそれ以外の市民のために可能なかぎり金を出させることだ」。Voltaire, "Money", *A Philosophical Dictionary*, Vol. 8, 1764 (https://www.gutenberg.org/ebooks/35628).

(26) ラントヴェーアのこと。一八一三年以降、プロイセンなどドイツの各国で個別に導入された軍役制度。プロイセンでは、二〇歳以上の男子に三年の現役と二年の予備役の後、さらに三九歳までに二段階の後備役があった。この後備役がラントヴェーアである。

(27) 工業化が進む中、一七八〇年頃からの三〇年間で、八〇〇と言われる地方発券銀行が生まれ各地方での投資に貢献した。一八二六年の株式銀行条例によって、ロンドン以外の地域での株式銀行の設立が認められ、一八三三年には銀行条例によって、銀行券を発券しないという条件つきでロンドンにもこの一八二六年の条例が拡大適用されることになった。こうして、ナショナル・プロヴィンシャル・バンク(一八三三年設立)やロンドン・アンド・ウェストミンスター・バンク(一八三四年設立)といった大株式銀行がロンドンに設立され、次第に地方の個人銀行を圧倒していった。

(28) 英米法諸国の弁護士には、法廷で弁論を行う法廷弁護士と訴訟事務を取り扱う事務弁護士との二種類がある。

(29) H・ペラム＝クリントン（一八一一—六四年、第五代ニューカッスル公）。ピール派に属し、クリミア戦争勃発時には、ウィッグ党とピール派との連立政権であるアバディーン内閣（一八五二—五五年）で陸軍・植民地大臣を務めた。

(30) タレーラン（一七五四—一八三八年）。フランスの政治家、外交官。名門貴族の家系に生まれるが、片足が不自由であったため聖職者となり、この身分でフランス革命直前の三部会に参加。ジャコバン派の支配時代にはアメリカに亡命するが、ナポレオンのクーデタ（一七九九年）に参加し外務大臣となる。その後も復古王政（一八一四年）、七月王政（一八三〇年）を通じて、外相や外交官などの要職にあり続けた。

(31) シェイクスピアのソネット一一一（高松雄一訳『ソネット集』岩波文庫、一九八六年、一五三—五四頁）参照。

(32) O・フォン・ビスマルク（一八一五—九八年）。ドイツの政治家。プロイセン王国、北ドイツ連邦の首相、ドイツ帝国の宰相。プロイセンの首相として「鉄血政策」を進めドイツを統一し、ドイツ第二帝国を建設した。

(33) 上巻第二章注（5）参照。本章の初出が執筆されていた一八六六年は、フランスは二月革命後の共和制を経て登場したナポレオン三世の第二帝政期だった。

(34) 上巻第四章注（1）参照。

(35) トクヴィル(一八〇五―五九年)。フランスの政治家、歴史家、思想家。ここでは『旧体制と大革命』(一八五六年)での議論に言及している。

(36) ラヴェルヌ(一八〇九―八〇年)。フランスの政治家、文筆家。『ルイ一四世期の地方議会』(一八六四年)を執筆。前注のトクヴィルの著作同様、この著作でフランス旧体制における中央集権化について論じた。

(37) それぞれ、刑事事件を扱うコモン・ロー裁判所、民事事件について第一審の管轄権を持つコモン・ロー裁判所、財務事件を扱うコモン・ロー裁判所を指す。すべて一八七三年に廃止され、高等法院の王座部に移管された。

(38) T・P・ライス(一七九〇―一八六六年、初代モンティーグル男爵)。ウィッグの政治家、大蔵大臣。大蔵省会計検査官は一八三四年に創設され、ライスは第二代の検査官として、一八三五年にこの職に就任し、彼の死によって廃止が決まる一八六六年まで留まった。この職に代わり全国会計監査院長官が創設された。

(39) 上巻第四章注(35)および(53)参照。

(40) R・ベセル(一八〇〇―七三年、初代ウェストバリー男爵)。自由党の政治家、法律家。大法官、枢密院司法委員会委員を歴任。

(41) イギリス国教会広教会派の七名による七本の論文集の出版(一八六〇年)をめぐる事件。同書は、聖書の自由な解釈を主張して、イギリス社会の注目を集めた。教会裁判所の判決によって、二名の執筆者が一年間の停職とされたが、執筆者がこれを不服として、一八六二年、枢密院司法委員会に訴え、教会裁判所の判決が覆された。枢密院司法委員会の判決は、聖職者だけでなく、一般の信徒たちから強く批判され、一八六四年、国教会(聖職会議)は再度、非難の決議を行うこととなった。

(42) 上巻第五章注(3)参照。

(43) 一七八六年の枢密院勅令によって設置された。長官と副長官、その他委員が任命されたが、一八二〇年以降、業務の能率上の判断から次第に会議が開催されなくなり、一八五〇年を最後に正式な会議は開かれなくなった。一八六一年の「港湾使用料ならびに通過料等に関する法律(The Harbours and Passing Tolls, &c. Act)」で商務庁という名称が正式のものとなった。

(44) 上巻第一章注(16)参照。

(45) J・ウィルソン(一八〇五―六〇年)。スコットランド出身の実業家、自由党の政治家、『エコノミスト』の創刊者(一八四三年創刊)で初代編集長。一八五九年にインド参事会初代財政委員としてインド財政を立て直すために渡印したが、翌年、客死した。バジョットの妻エリザの父。

第七章

(1) T・ホッブズ(一五八八―一六七九年)。哲学者。著書に『リヴァイアサン』(一六五一年)等。

(2) 合衆国憲法修正第一〇条(一七九一年)。

(3) 合衆国憲法第一条第二節第一項。アメリカ合衆国の各州は、ネブラスカ州を除いて二院制である。

(4) 合衆国憲法第二条第一節第二項。

(5) 南部諸州で解放黒人の衣食や労働、教育のために活動する部局を設置するための法案。解放黒人局は、一年の期限で一八六五年三月に設立されたが、四月のリンカン暗殺後に大統領になったジョンソンは、翌年、この期限を二年延長して同局の権限を拡大する法案に拒否権を発動した。ただし、議会はこれを可決し、同局は七二年まで活動した。

(6) 南北戦争中に発行され始めた裏面が緑色の紙幣。「第二版の序文」注(34)参照。

(7) 第三次ダービー保守党政権(一八六六―六八年)。

(8) ロンドンのウェストミンスター地区にある通りの名称。首相官邸(一〇番地)、大蔵大臣官邸(一一番地)などがあり、イギリス政府それ自体を意味することがある。

(9) 元のラテン語は「機械仕掛けから出てくる神」の意味。古代ギリシア演劇で用いられた演出技法。エウリピデスが生んだ技法で、劇中、解決が困難な錯綜した状況の中に、大がかりな機械仕掛け(メカネ)によって神を降臨させ、一挙に問題を解決するというもの。この語は、演劇についてだけでなく、一般的にも、思いがけない出来事によって一気に事態が大団円を迎える意味で使用される。

(10) ロンドンにある標高七八メートルの丘。

(11) 第一次メルバーン内閣のこと。ウィッグのグレイ内閣において、アイルランド国教会の教会税を民間に転用する方針に反対したスタンリー卿(のちの第一四代ダービー伯)らがウィッグを離党して、ダービー派を形成した(のちに保守党に合流)。これを受けて、グレイ内閣は総辞職するが、その際、後任にメルバーン子爵を推挙して、第一次メルバーン内閣が成立する。しかし、閣内人事をめぐりウィリアム四世と対立して、メルバーンは半年足らずで罷免された。この後、組閣の大命が下ったトーリーのウェリントン公は、ピールを推挙して第一次ピール内閣が成立した。トーリーは、庶民院において少数派だったため、国王は政権を安定させるために総選挙を提案してピールもこれを承諾した。選挙の結果、ピールはダービー派と連携して政権を継続させるが、院全体としてみれば、この政権も少数派を基盤とするものだった。ウィッグの指導者メルバーンは、野党の連携を強め、一八三五年四月にアイルランド国教会教会税の転用法案を成立させて、ピール内閣を退陣に追い込み、第二次メルバーン内閣を成立させた。

(12) 一挙に多数の貴族創設を行う方法のこと。下巻一一二頁以下で論じられている。

(13) アイルランド貴族とスコットランド貴族は、自動的に貴族院議員の議席を得たわけではなく、アイルランド貴族からは二八名の貴族代表議員が、アイルランド貴族による選挙によって選出され(終身制)、スコットランド貴族からは一六名の貴族代表議員が、スコットランド貴族による選挙で選出された(任期は最長七年)。アイルランド自由国が一九二二年に成立すると、アイルランド貴族の貴族院議員の代表選出は行われなくなったが、終身制のため、アイルランド貴族代表議員が消滅したのは一九六一年になってからだった。一九六三年の貴族法で、スコットランド貴族全員が貴族院議員とされることになったが、一九九九年貴族院法で、スコットランド貴族も含め、ほとんどの世襲貴族は、自動的に貴族院議員になる権利を失い、互選制になった。

(14) R・ハーリー(一六六一―一七二四年、初代オックスフォード＝モーティマー伯)。トーリーの政治家。第一大蔵卿に就任して政権を担当(一七一〇―一四年)。政権基盤強化のために一二名の貴族を創った。

(15) J. Swift, *Memoirs relating to the Change in the Queen's Ministry in the Year 1710*, *The Works of the Rev. Jonathan Swift*, Vol. 4, 1801, p. 281. 原文とバジョットの引用文は若干異なる。原文は、「女王が蓄えていた親愛の情は、いちどきに一名分に向けられる以上のものではなかった」。

(16) A・メイシャム(一六七〇―一七三四年)。アン女王に寵愛を受けた侍女S・ジェニングス(一六六〇―一七四四年)の従妹。ジェニングスと女王との関係が冷え込んだ後、女王の寵愛を受け王室歳費管理官を務めた。

(17) 第二代グレイ伯のこと。往復書簡は、息子の第三代グレイ伯編で *The Reform Act, 1832: the correspondence of the late Earl Grey with His Majesty King William IV and with Sir Herbert Taylor*, 2 Vols., John Murray, 1867 としてまとめられた。

(18) イギリスでは、本会議で法案を審議する際に、法案を朗読するという手続きを取る。これを「読会(reading)」という。印刷物が普及する前の時代に確実に法案の内容を伝える方法として始まった。イギリスでは三読会制を採っている。第一読会では、法案の題名が朗読されるだけで、審議は行われない。この後に配布された法案を議員たちが分析して、与野党間で法案をめぐる折衝が行われる。第二読会では、法案の基本原則について与野党間で実質的な審議、討論が行われる。第二読会を通過した法案は、委員会に付託され、修正のための審議が行われて、本会議に報告される(上巻第四章注(31)参照)。そのままただちに第三読会に入って、総括的な審議と採決が行われる。貴族院も、この庶民院の流れとほぼ同様である。庶民院から送付された法案を貴族院が修正した場合には、庶民院に回付される。同院が貴族院の修正に不同意の場合には、法案の庶民院通過後一年で、修正前の法案が国王の裁可を経て成立する。

(19) ワーズワース「わが愛する英国」(一八〇二年)より。

(20) H・K・フォン・モルトケ(一八〇〇—九一年)。ドイツの軍人。プロイセン軍の参謀総長として、普墺戦争や普仏戦争などを勝利に導き、ドイツ統一に貢献した。国民から「偉大なる沈黙者」と讃えられた。「近代ドイツ陸軍の父」とされる。

(21) ヴェルギリウス『アエネーイス』第四歌より。

(22) R・デカルト(一五九六—一六五〇年)。フランスの哲学者、数学者。著書に『方法序説』(一六三七年)など。

(23) C・ダーウィン(一八〇九—八二年)。イギリスの博物学者。進化論を提唱。引用は、『種の起源』の冒頭部分(*On The Origin of Species*, John Murray, 1859, p. 1)。

(24) J・セブライト(一七六七—一八四六年)。庶民院議員(無所属)。農事研究家として著名。鶏の品種改良や鷹の飼育などを行って著作を残した。セブライトに関する引用は、*On The Origin of Species*, John Murray, 1859, p. 31.

(25) 王太子エドワード(のちのエドワード七世)のこと。大学在学中の一八六〇年にアメリカを訪問、三ヵ月をかけて各地を回り、ワシントンでのブキャナン大統領の歓待も含めて、各地で歓迎された。上巻第二章注(8)参照。

第八章

（1）イングランド最北の州。

（2）フランク王国メロヴィング朝のクローヴィス一世が、四九六年、フランスのランス大聖堂でカトリックに改宗したことから、フランスの歴代の王がここで戴冠式を行うようになった。イギリスのプランタジネット朝始祖のヘンリー二世は、フランス王国では、大貴族のアンジュー伯であり、一一五四年に相続によりイングランド王位を継承してプランタジネット朝を創始した。ヘンリー二世はまた、フランスではノルマンディー公などでもあり、イングランドとフランスの一部を支配する「アンジュー帝国」を築いた。

（3）南北戦争以前の非奴隷使役州。

（4）この言葉は、『サタデー・レビュー』（上巻第五章注（36）参照）で一八五六年に公表されたバジョットの「凡人政府」という論文が初出である。この論文でバジョットは、「ある有能なウィッグ」から聞いたこととして、この人物の言葉を紹介している。「世論の知的水準について考えるなら『タイムズ』がうってつけだ。世論の水準というのは、『タイムズ』を買う連中の知的水準のことにすぎない。つまり、君、世論とは、乗合馬車の後ろの座席に座っているはげ頭の意見のことだ」（"Average Government", 1856, *The Collected Works of Walter Bagehot*, Vol. VI, ed. by N. St. John-Stevas, The Economist, 1974, p. 87）。

（5）「尊敬に値しない」の原語は、unrespectable である。上巻第一章注（27）参照。

（6）一八三二年の第一次選挙法改正により、都市選挙区では、賃借料で年一〇ポンド以上の家屋や店舗、倉庫などを所有または賃借している戸主(「一〇ポンド戸主」という)に、全国一律に選挙権が付与され、この一〇ポンド戸主が有権者層の大多数を構成することになった。小商店主が典型例とされる。州選挙区の場合には、五〇ポンド以上だった。

(7) イングランド南西部の州。

(8) この議論は、『代議制統治論』(一八六一年)で、少数者支配を批判して普通選挙制度を容認したJ・S・ミルの次の議論を逆手にとって批判したものである。ミルによれば、少数者支配の状況下にある政府は、「突端を下にして立ちながら平衡を保っている円錐形物体と同様に、力学では不安定平衡と呼ばれる状態にあり、いったん平衡が乱されると平衡状態には復帰せず、平衡状態からますます離れていくことになる」(関口正司訳、岩波書店、二〇一九年、一二頁。本書の言葉に合わせ一部改訳した)。

第九章

(1) H・ハラム(一七七七―一八五九年)。歴史家。一八二七年に『イギリス国制史――ヘンリー七世即位からジョージ二世崩御まで』を出版した。

(2) W・スタッブズ(一八二五―一九〇一年)。歴史家、オックスフォード大学近代史欽定講座教授。特に中世イギリスの国制史を研究した。国教会の聖職者でもあり、チェスター主教、オックスフォード主教を務めた。著書に『主要文書と実例に見るイギリス国制史――建国期からエドワード一世の治世まで』（一八七〇年）。

（3）E・フリーマン（一八二三―九二年）。歴史家、オックスフォード大学近代史欽定講座教授。ノルマン・コンクェスト研究を深めた。本文で言及されているのは、『イギリス国制の発展』（一八七二年）と『イングランドにおけるノルマン・コンクェストの歴史、その原因と結果』（一八七〇年）。

（4）ソロモン（生没年不詳）。イスラエル王国第三代国王（在位紀元前九六〇年頃―紀元前九二二年頃）。イスラエル王国の絶頂期（「ソロモンの栄華」）を築いた。

（5）ホメロス（生没年不詳、活動時期については紀元前一〇世紀、紀元前八世紀など諸説ある）。古代ギリシアの詩人。二大叙事詩『イリアス』と『オデュッセイア』の作者とされる。

（6）上巻第二章注（6）参照。

（7）一〇六六年、北フランスのノルマンディー公ウィリアム（ギョーム）は、イングランド王位の継承権を主張して上陸し、ヘイスティングスの戦いで勝利を収めてイングランド王に即位、（アングロ・）ノルマン朝を創始した。これにより、イングランドの封建制化と国王への集権化が進んだ。近世以降、絶対主義化の批判者たちによって、ノルマン・コンクェストには、イングランドの「古来の国制」を破壊して臣民から自由を奪った「ノルマンの軛《くびき》」だという歴史解釈が与えられていく。その中で、臣民の自由や議会の特権は、古来よりコモン・ローによって臣民に保障された権利であり、「マグナ・カルタ」はこれを確認するための文書だったとする理解が広まった。

(8) もともと大評議会は、ウェストミンスター宮殿にある国王の私室「絵画の間」で開催されていたが、一三世紀中葉(ヘンリー三世の頃)、諸侯および聖職者は、「白の間」で会議を行うようになり、騎士と市民はひきつづき「絵画の間」で会議を開催した。これらが貴族院と庶民院の起源である。一三七〇年代になると、庶民院は宮殿を離れて、ウェストミンスター寺院に開催場所を移した。「議会内の大評議会」(貴族院になっていく会議体)と「議会外の大評議会」(庶民院になっていく会議体)という表現の出典は不明だが、こうした一連の流れ全体を説明するものと思われる。

(9) 一一五四—一四八五年。ランカスター朝とヨーク朝も含む広義のプランタジネット朝の時代。

(10) 世襲貴族(peer)の下、ヨーマン(次注参照)の上に位置する社会層。准男爵、騎士、スクワイア(郷士)を指すことが多い。地主が中心で、地方の名望家として治安判事などの要職に就いて地方行政を担い、貴族とともに中世末期から少なくとも工業化(産業革命)が始まる頃までイギリスの支配階級を形成した。不労所得(土地収入)があること、地方の支配に責任を持ち、勇気、正義感、気前のよさがあることなどを含めた「ジェンティリティー」の保持が求められた。上巻第二章注(21)も参照。

(11) 一四世紀中頃以降、農奴から脱して、自前の保有地を耕作した自由土地保有農を指すことが多い。成功した中堅の社会層として、ジェントリの下で、陪審員や治安官、教区委員などを務めて地方行政にたずさわった。独立自営農民と訳されることもある。

(12) バラ戦争（一四五五―八五年）のこと。赤バラを紋章とするランカスター家と白バラを紋章とするヨーク家とが王位をめぐって争い、これに多くの封建貴族が加わって生じた戦争。この戦争の結果、封建貴族の勢力が衰退して、王権が伸張した。勝利したランカスター家のヘンリーがヘンリー七世（一四五七―一五〇九年、在位一四八五―一五〇九年）として即位して、テューダー朝（一四八五―一六〇三年）を創始した。

(13) イングランド中部レスターシャーの町。一四八五年、「ボズワースの戦い」が行われ、王位に就いていたヨーク家のリチャード三世（一四五二―八五年、在位一四八三―八五年）が戦死して、バラ戦争は終結した。

(14) 一八五二年憲法は、第二帝政の統治構造を規定し立法院を置いたが、皇帝の個人統治の性格が強かった。選挙には官選候補制があって、政府公認の候補者になれば、地方行政組織が積極的に支援した。官選候補者ではない者には様々な選挙妨害があった。議長と副議長は議員の中から皇帝が任命した。立法院の召集、休会、延期、解散法案提出権は皇帝にあり、立法作業を実質的に担う国務院が置かれた。立法院には修正権があったが、その修正案の可決には国務院による審議と採決が必要だった。予算案については、立法院には審議権はなく、承認だけが求められた。一八六〇年以降は、議会の権限が次第に強化され、権威帝政から自由帝政に移行した。しかし、バジョットが自由帝政化を評価するのは一八六〇年代末からで、本書を構成する諸論文を執筆していた六〇年代中頃は、第二帝政を「現存するカエサル主義」と呼び、ナポレオン三世の独裁的な性格に注目していた。

(15) リチャード一世(一一五七―九九年、在位一一八九―九九年)。その武勇と騎士的行為とから「獅子心王」と呼ばれる。ただし、外征に明け暮れ、十字軍の遠征の帰途、捕虜となって多額の身代金の支払いが生じるなどして諸侯の不満を高めたことは、次代ジョン王に対する諸侯の反乱の一因となった。

(16) マグナ・カルタ。一二一五年、国王ジョン(一一六七―一二一六年、在位一一九九―一二一六年、「欠地王」と呼ばれた)の失政を批判する諸侯たちによって王が署名させられた勅許状を基礎として、修正の上、次代の国王ヘンリー三世(一二〇七―七二年、在位一二一六―七二年)が公布した文書。国王が諸侯に対して様々な自由を付与する内容であったが、近世以降、王権を制限して国民一般の自由や権利を保障するイギリス国制の原点かつ根本的な文書として解釈されることとなった。

(17) この箇所の「課税権」は、政治権力が国民から一方的に徴収するという意味合いのものではなく、国民が自分たちへの課税を自分たちで決める権利という意味で用いられている。マッキントッシュについては、上巻第一章注(23)参照。

(18) ヘンリー八世(一四九一―一五四七年、在位一五〇九―四七年)。一五三四年、国王至上

法を発してイギリス国教会を設立し、カトリック教会の財産を没収して王権の強化を図った。

(19) エリザベス一世(一五三三―一六〇三年、在位一五五八―一六〇三年)。国教会体制を強化、国内では毛織物業を育成し、対外的には一五八八年にスペインの無敵艦隊(アルマダ)との海戦に勝利するなど、イギリスの発展の基礎を築いた。

(20) ジェイムズ一世(一五六六―一六二五年)。スコットランド王ジェイムズ六世(在位一五六七―一六二五年)の位に就いていたが、ステュアート朝初代イングランド王(在位一六〇三―一六二五年)に即位して同君連合となった。『自由な君主国の真の法』(一五九八年)を出版した哲学者でもあり、王権神授説を主張しながらも、初期にはイングランド議会にも融和的な姿勢で臨んだが、逼迫する財政問題をめぐって次第に議会との対立が深まっていった。

(21) J・フーパー(一四九五―一五五五年)。聖職者。スイスの宗教改革指導者ツヴィングリの影響を受けて宗教改革を目指したが、カトリックの女王メアリ一世のとき異端者として火刑にされた。

(22) 内乱(ピューリタン革命)後のフランスへの亡命のこと。

(23) ウースターの戦い(一六五一年)のこと。革命に反対するスコットランドで王位に就いたチャールズとクロムウェル率いる共和国軍との戦い。これに敗れたチャールズは、王政復古(一六六〇年)までフランスへ亡命することになった。

(24) S・パーシヴァル(一七六二―一八一二年)。トーリーの政治家、法律家。首相に就任

(一八〇九―一二年)。青年期にウィッグの立場を採った摂政ジョージには嫌われていた。一八一二年、議会のロビーで暗殺された。

(25) W・グレンヴィル(一七五九―一八三四年、初代グレンヴィル男爵)。はじめトーリー、のちウィッグに転じる。小ピットの従弟で、小ピット内閣の外相を務める(一七九一―一八〇一年)。のちピットとは疎遠になり、ウィッグのフォックスと結んで「挙国実力者内閣」の首相となるが(一八〇六―〇七年)、カトリック教徒解放法をめぐりジョージ三世と対立して辞任した。以後、ウィッグ右派の指導者になった。

(26) 上巻第二章注(34)参照。

(27) フランス革命期におけるジャコバン派の独裁のこと。

(28) センサス。ナポレオン戦争期における人的資源の需要への対応から、一八〇〇年に国勢調査法が制定され、翌年はじめて全国規模で国勢調査が行われた。以後、一〇年ごとに行われて現在に至っている(一九四一年は除く)。一八三二年には商務庁統計局が設置され、一八三七年には住民登録法が制定されるなど、一九世紀を通じて、統計調査の結果を踏まえた統治活動の手法が整えられていった。

(29) 一八二九年にロンドン警視庁が、一八五六年には地方警察が設置された。

(30) スコットランドとの主教戦争に敗れたチャールズ一世が、その賠償金を調達するために一六四〇年に召集した議会。クロムウェルにより解散させられる一六五三年まで続いた。この議会の会期中に、内乱(ピューリタン革命)が勃発した。

(31) ロンドン市庁舎のこと。一六四〇年代のロンドン市議会は、議会派が優勢で、反王権の立場だった。たとえば、一六四二年一月五日、チャールズ一世は、議会派の五名の中心人物を捕らえようと庶民院に乗り込んだが、彼らはすでにその情報を得て、シティに逃げ込んでいた。チャールズはさらにギルドホールに赴き、彼らの引き渡しを要求したが、ロンドン市議会は請願書を提出してこれを拒否し、議会派の立場を擁護した。この事件を機に、国王と議会との対立は内乱(ピューリタン革命)へと発展した。シティは、ロンドン中心部の一角。ロンドン発祥の地で、市政、金融の中心地。

(32) ジョージ三世の時代には、ウィルクス運動がロンドンを中心に展開された。J・ウィルクス(一七二七―九七年)は、一七六三年、国王の専制を批判して逮捕され、議会から除名された。この後も、三度にわたって庶民院議員に選出されたが、議席が与えられず、国制問題に発展した。ウィルクスの支持者は、獄中にいる彼をロンドン参事会員にしたり、出獄後にはロンドン市長に選出したりするなど、ロンドンを中心に急進主義運動が高まった。

(33) トクヴィル『アメリカのデモクラシー』(一八三五年、松本礼二訳、岩波文庫、二〇〇五年)、第一部第五章(第一巻(上))参照。

(34) モンテスキュー『法の精神』(一七四八年)第一部第五編第一九章にある表現。岩波文庫では、「共和政が君主政の形式のもとに隠されている国」と訳されている(野田良之他訳『法の精神(上)』岩波文庫、一九八九年、一五三頁)。また、ギボン『ローマ帝国衰亡史』(一七七六年)第三章にも、ローマの帝政について、「偽装して共和政体を装った絶対君主制」だとする表現がある(中野好夫訳『ローマ帝国衰亡史I——五賢帝時代とローマ帝国衰亡の兆し』ちくま学芸文庫、一九九五年、一三八頁。同訳書では「共和政体という偽態を装った絶対君主制」と訳されている)。

第二版の序文

(1)この序文は、一八七二年七月の第二版出版をめざして、春から執筆が開始された(R. Barrington, *The Life of Walter Bagehot*, Longmans, 1918, pp. 429–30)。

(2)一八六八年実施の総選挙のこと。結果は自由党三八七議席、保守党二七一議席。グラッドストン率いる自由党の勝利に終わった。

(3)パーマストンは一八六五年一〇月に死去した。

(4)一八七〇年制定。初等教育法とも呼ばれる。既存の有志立学校に対しては、政府補助金を増額し、有志立学校が不十分な地域では、学務委員会を設置して、地方税を徴収し公立学校を設立した。貧困家庭には学費を免除した。

(5)第八章注(6)参照。

(6)ヴィクトリア時代の後半になると、被用者である事務職員やデパートの販売員などのホワイトカラーに属する人々も、下層中流階級の一員に加えられていった。「解説」参照。

（7）地方税も含まれた家賃を支払っている借家人。

（8）一般人からなる陪審。

（9）一八六八年の総選挙のこと。「第二版の序文」注（2）参照。

（10）「教条的」だったり、「無作法」だったりするということを表現する際に、バジョットがフランス語を使っていることに注意したい。すぐ後で述べられるイギリス的な「ユーモア」との対比も読み取ることができる。

（11）上巻一五三―五八頁で引用されているダービー卿宛ての書簡のことだと思われる。

（12）イギリスでは、伝統的に、製造業などで財をなしても、大きな所領（不動産）を購入して土地に根ざすまでは有力な政治家にはなれなかった。これには三世代を要するとされる。ここでは、そうした伝統の力が弱まってきていて、政治権力と動産との密接な関係が生まれている、というバジョットの理解が述べられている。

（13）選挙が行われるのは庶民院の場合だけで、終身貴族の議院である貴族院には選挙はない。

（14）貴族は、家系を守るために、爵位と屋敷や土地などの財産を分割せずに長子だけに相続させた。長子がいない場合には、血縁上いちばん近い男子に相続権が移った。限嗣相続ともいう。

（15）一八六九年四月にラッセル卿によって提案された一代貴族法案のことではないかと思わ

れる。ラッセルは、二八名の一代貴族の任命を提案した。これに対してダービーは、提案数が不当に多いとしながらも、一代貴族の新たな任命について限定的に認める演説を行っている。この法案は、第三読会で否決された。なお、ダービーは、同年一〇月に死去している。

(16) 尖点とは、曲線上の動点の進む方向が逆になる点のこと。共役点とは、二点が点や線などを基準に対称的な位置にあるなど、互いに特別な関係にあって、入れ換えてもその関係が変わらない点のこと。

(17) 普仏戦争(一八七〇―七一年)終結後、プロイセン軍の組織形態に注目が集まり、陸軍の近代化のために、効率的な陸軍組織への改革が進められた(バジョットも、下巻五六頁以下でこの問題について検討している)。当時、陸軍では、軍の職位の多くを占める少尉から中佐までの士官職が、公定価格が定められるなどして売買されていた。陸軍は、この売官制を通じて地主貴族の独占状態にあり、軍の閉鎖的な性格とそれに起因するとされた軍の非効率な運営とが、中流階級の批判を招いていた。陸軍大臣のE・カードウェル(一八一三―八六年、初代カードウェル子爵)は、一八七一年、「陸軍規制法案」を出して売官制を廃止しようとしたが、下院の激しい抵抗に遭った。下院通過後には、法案は上院で膠着状態となった。そこでグラッドストン内閣は、ヴィクトリア女王を説得して、陸軍の売官制を認めたジョージ三世による国王の許可の勅令を取り消させることで、貴族院の採決を経ずに、売官制を廃止した。

(18) イングランド最南西端の州。
(19) フランス北西部の地域。
(20) カールトン・クラブは、一八三一年、選挙法改正の動きに対抗するための拠点として設けられた保守党の政治クラブ。リフォーム・クラブは一八三六年に作られた自由党の政治クラブ。一八世紀に創設されたウィッグ貴族のブルックス・クラブに代わって、リフォーム・クラブには急進派も含め自由主義的な立場の政治家たちが多数参加した。どちらのクラブも、党所属の議員や地方の有力者などの社交場であり、また議論を交わし党としての採決を行うなど、党本部として両党の組織化の中核となった。
(21)「自発性を欠いた多数派(mechanical majority)」は、ディズレイリの言葉。一八六九年の「アイルランド国教会廃止法」成立の過程で、自由党議員たちが、党の方針に従って賛成票を投じた様子を揶揄してこのように表現した。
(22) 政党の幹部議員のこと。庶民院では、幹部議員が最前列の議席に向かい合って座ることから、フロント・ベンチャーと呼ばれる。他方、二列目から後ろの席(バック・ベンチ)には役職のない平議員が座っていて、彼らは、バック・ベンチャーと呼ばれる。
(23) B・フランクリン(一七〇六―九〇年)。アメリカの政治家、外交官、発明家。独立宣言の起草者のひとりで、合衆国憲法制定会議に出席した。フランスに赴いて米仏同盟条約を成立させるなど、外交官としても活動した。一七八一年、フランクリンは、大陸会議(連合会議)から対英講和会議代表に任じられた。バジョットの引用は、その際、同じく任命されたJ・アダムズ(第二代アメリカ合衆国大統領)への一七八一年一〇月一二日付書簡からのもの(*The Works of Benjamin Franklin: with Notes and a Life of the Author*, Vol. IX, ed. by J. Sparks, Whittemore, Niles, and Hall, 1856, pp. 82-3)。

(24) 上流階級の人々は、地方(カントリー)で狐狩りが終わるクリスマス頃、議会開始に備えてロンドンに集まり始めた。議会は、二月頃に始まり、春から初夏にかけて開催された。ロンドンに集まった上流階級は、五月から七月にかけて社交の季節(ザ・シーズン)を楽しんだ。邸宅でのパーティーの他、エプソム競馬場でのダービーやアスコット競馬場でのロイヤル・アスコット(二つとも競馬のレース。ダービーの開催期には議会も休会になった)、テムズ川でのオックスフォード大学とケンブリッジ大学対抗のザ・ボートレースやクリケット対抗戦などが行われた。議員たちは秋には地方に帰っているが、緊急事態であれば、議員たちを秋に議会に招集することも十分可能だとバジョットは論じているのである。

(25) 普仏戦争に敗北して第二帝政が崩壊した後、一八七一年二月の国民議会選挙で生まれた国民議会によって、ティエールは共和国行政長官に任命された。三月に始まるパリ・コミューンの争乱を経て、ティエールは、八月には共和国大統領に就任した。国民議会は、当初、王党派が優勢だったため、ティエールは、王党派の支持を得るために将来の政体のあり方について明言を避けながら政権を運営した(政府と議会の間で、政体をどのような形態にするかは当面留保するという「ボルドー協定」を結んだ）。しかし、ティエールは、補選で共和派の議席獲得が相次ぐようになると、共和制への移行を明確にした。王党派は、これをボルドー協定違反だとして、一八七三年五月、ティエールを辞任に追い込んだ。この序文は一八七二年春から執筆されたので、執筆当時、ティエールは大統領だった。

(26)ナポレオン一世の帝政崩壊後、一八一四年、ブルボン家が王位に復帰して成立した王政。一八三〇年の七月革命まで続いた。

(27)バジョットは、一八五一年八月から翌年の八月までパリに滞在した。「解説」参照。

(28)国民議会は、パリ・コミューンの成立（一八七一年三月）に至る混乱の中で、同年二月、議会をヴェルサイユに移していた。

(29)Ｅ・ルーエル（一八一四―八四年）。フランスの政治家。二月革命後、議員になる。ナポレオン三世の下で首相や蔵相などを歴任。第二帝政維持のために強権を発動して「副皇帝」と呼ばれた。一八七二年に国民議会議員に選出され、ナポレオン三世の死後、ボナパルト派を率いた。

(30)『フォートナイトリー・レビュー』は、一八六五年五月創刊の定期刊行物（一九五四年まで刊行）。創刊号の巻頭論文が、本書第一章の「内閣」だった。「解説」参照。

(31)上巻「はしがき」注（３）参照。

(32)Ｄ・Ａ・ウェルズ（一八二八―九八年）。アメリカのジャーナリスト。バジョットの引用は、D. A. Wells, "The Recent Financial, Industrial and Commercial Experiences of the United States: A Curious Chapter in Politico-Economic History", *Cobden Club Essays*, second series 1871–2, Cassell, Petter, and Galpin, 1872. ただし、バジョットの引用は正確ではない。正確には、「前年度の全歳出を超過していなかった年度」は「前年度の全歳出の半分を超過していなかった財政年度」である(pp. 462-3)。

(33) G・スミス(一八二三—一九一〇年)。自由党支持のジャーナリスト、歴史家。オックスフォード大学現代史欽定講座教授を務めた(一八五八—六六年)。南北戦争では、北部を支持する立場から発言した。当時のアメリカや、その歴史に関する様々な著作があり、コーネル大学でイギリス国制史の教授を務めた(一八六八—七二年)。

(34) 一八六二年の法律。連邦政府は、四億五〇〇〇万ドルの「グリーンバック」と呼ばれる不換紙幣を発行したが、流通を保証するため、これを正貨とした。

(35) 一九世紀、イギリスのシティは世界の金融センターとなったが、ここでロンドン宛ての手形を引き受けたり、海外証券の発行を行って中心的な役割を果たしたのが、ロスチャイルド家やベアリング家に代表される「マーチャント・バンカー」だった。こうした事情から、マーチャント・バンカーは、世界各地の様々な情報を集めた。

(36) ロンドンの中心地シティにある街区。銀行や証券会社が並び、ロンドン金融市場の代名詞として使用される。

（37）Wells, "The Recent Financial, Industrial and Commercial Experiences of the United States", pp. 477–8.

（38）一八五五年までアイルランドのドニブルックで行われていた市。けんかや騒動で有名。

（39）Wells, "The Recent Financial, Industrial and Commercial Experiences of the United States", pp. 478–9. この引用の最後の部分に誤りがある。ウェルズの原文では「控除(allowance)」となっているが、バジョットは「一時停止(abeyance)」としている。翻訳では原文の訳語を充てた。

（40）一八七二年当時、バジョットが住んでいた家屋の名称。ロンドン南西部のウィンブルドンにあった。

補　論

（1）一八五九年一月、『ナショナル・レビュー』に掲載され、同年パンフレットとして公刊された「選挙法改正論」のこと。「解説」参照。

（2）イングランド南西部の州。

（3）ヨークシャーに一九七四年まで独自に存在した三つの行政区画(riding)の一つ。一八三二年の選挙法改正で一選挙区(カウンティー)となっていた。

（4）累積投票制のこと。自由党の政治家J・G・マーシャル(一八〇二―七三年)が、『少数派と多数派――その相対的な権利について』(一八五三年)と題するJ・ラッセル宛ての形式を採ったパンフレットの中で論じた。議席数がnの選挙区で、各有権者に議席数と同じ数の票(n票)を与え、n票を複数の候補者に分散させるか一人の候補者に集中させるかを各有権者に一任すれば、全投票数のうち1÷(n+1)を超える票を得た候補者、すなわち有権者全体の中で、1÷(n+1)を超える支持者を持つ候補者が当選することになる。この制度は少数派代表制論に区分される。

(5) 都市選挙区Aで、すでに熟練工の意見の代表者が確保されているため、選挙区Bでも「(選挙区Aの熟練工と)同質の(意見を持った)熟練工」を、「自分(選挙区Bの熟練工)以上に優れた(選挙区Bの)人の政治権力を侵害してまで」代表させる必要はない、ということが言われている。

(6) 「大多数の都市選挙区」は、バジョットがすぐ後に挙げているセットフォードのような中世に起源を持つ選挙区を指す。リヴァプールやマンチェスターのような新興の工業都市のことではない。

(7) イングランド東部の町。一四世紀にエドワード三世(一三一二―七七年、在位一三二七―七七年)によって多くの聖堂が建設された。

(8) C・バクストン(一八二三―七一年)。家業のビール会社を経営した。独立系の自由党の政治家として、国教制度の廃止を訴え、防衛以外のすべての戦争を非難するなどした。累積投票制（「補論」注（4）参照）を強く主張した。

（9）『タイムズ』一八六四年一二月九日五面。

（10）J・A・ローバック（一八〇一―七九年）。急進派の政治家。あらゆる立場の政権を批判する政治姿勢を採った。

（11）「選挙法改正論」のこと。「補論」注（1）参照。

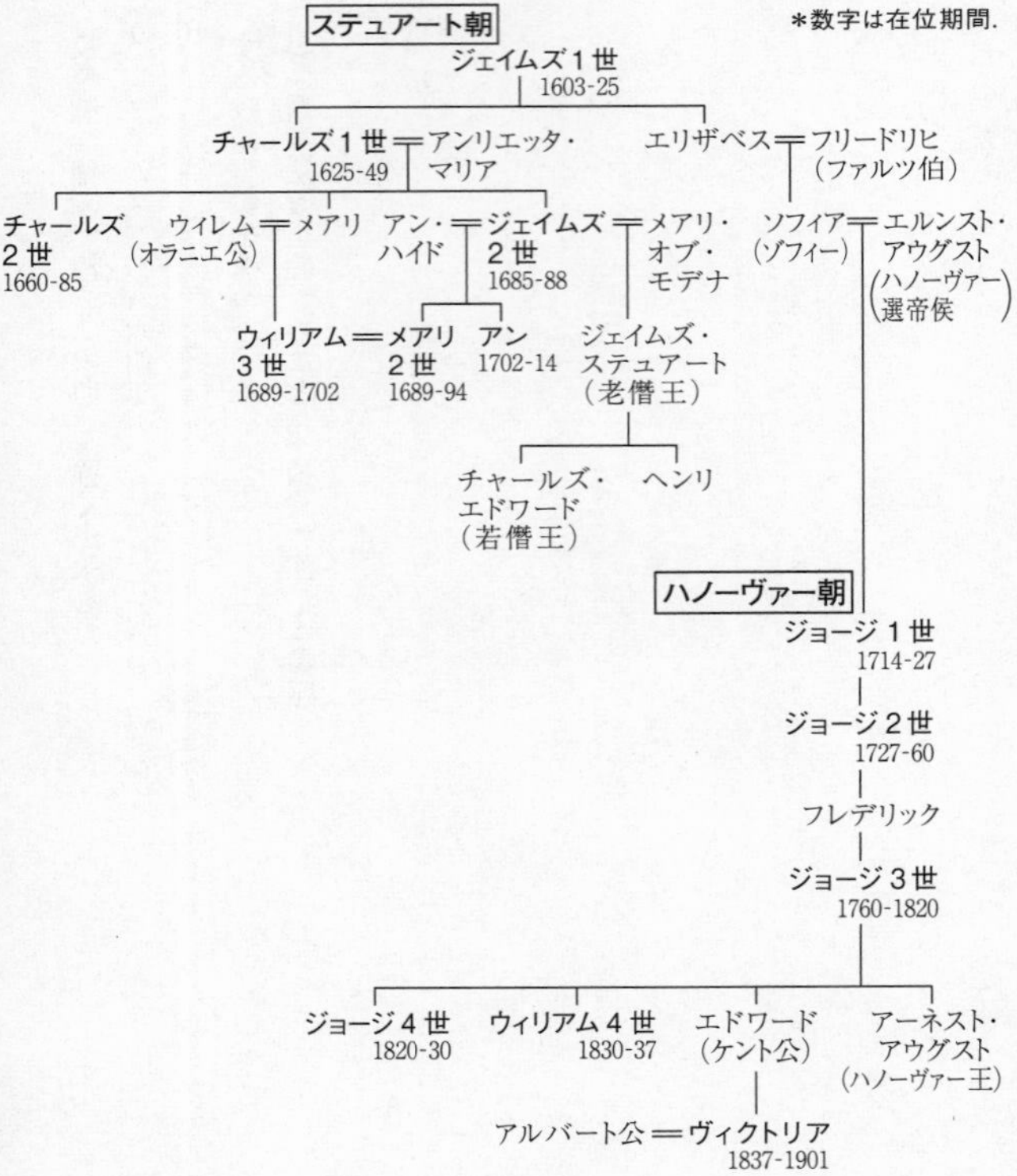

イギリス国王系図

川北稔編『イギリス史』（新版世界各国史Ⅱ，山川出版社，1998 年）をもとに作成

解　説

はじめに

ウォルター・バジョット(一八二六―七七年)の『イギリス国制論(*The English Constitution*)』は、議会政治の動きや議院内閣制のしくみを鋭く分析した古典として高く評価されてきた。とりわけ、イギリス国制を「尊厳的部分」と「実効的部分」にわけ、それぞれの機能をイギリス政治に即して描写した点はよく知られているだろう。本書には他にも、議会政治の理解に有益な議論が随所に見られる。

本書の初版が出版されたのは一八六七年、本訳書の底本とした第二版の刊行は一八七二年、つまり一五〇年前であることは、忘れてはならないだろう。バジョットの考えには、現代から見れば看過できない欠点や古びたものもある。しかし、本書の醍醐味は、三権分立論や混合政体論といったイギリス国制理解の当時の常識に囚われず、「生きた現実を直視する」(上巻一五頁)ことから、「イギリス政治のすべては政権と議会とのあいだに働く作用と反作用に尽きる」(上巻二〇〇頁)と論じて、後世の常識的な理解にもなる議院内閣制の動きやしくみを描き出したところにある。イギリス国制を斬新な視点で解釈していく本書の基調をなすのは、頑丈な常識の壁を軽やかに飛び越えて、自身が見たままに現実の姿を取り出そうとするバジョット流のリアリズムである。

バジョットが本書で中心的に取り組んだのは、一八六七年に行われることになった選挙法改正をめぐる問題だった。一九世紀を通じてイギリスは、選挙権の拡大という形で民主化を進めてきた。本書執筆の時点でも、選挙法改正は大きな争点だったが、近々あることが予想されていたこの改正の時期や内容は、彼にも他の誰にも見通せなかった。この改正が後世、第二次選挙法改正と呼ばれ、一九二八年までにあと三回改正があることも当然わからなかった。この「解説」では、できるだけバジョットと同じ目線に立って、本書の歴史的な読み方を示すことにしたい(詳しくは、拙著『「ビジネス・ジェントルマン」の政治学——W・バジョットとヴィクトリア時代の代議政治』風行社、二〇一一年、を参照。

また、以下に出てくる様々な事項は、本書の「訳注」で説明されているものも多いので、巻末の

「索引」を利用していただきたい)。まずは、本書の理解に特に関係があると思われる点に絞って、バジョットの経歴を簡単に紹介しよう。

一　バジョットの生涯

バジョットは、一八二六年二月三日、イングランド南西部サマセットシャーのラングポートという、当時はパレット川の港運で賑わった小さな町に生まれた。父は熱心な自由貿易論者で、バジョット商会の経営者であると同時に、スタッキー銀行(一七七二年設立)の共同経営者として副頭取も務めていた。この銀行は、イングランド南西部全域で有名な銀行だった。母は創業家のスタッキー家の人であり、両家は長く当地の二大名家だった。バジョット家は代々、三位一体説を否定するユニテリアン派に属していた。ただし、母は熱心な国教徒だった。バジョット自身は強い信仰心を持たなかったが、のちに次第に国教会へと傾いていった。

バジョットは、地元の学校で学んだ後、一八四二年、ジェイムズ・ミルら哲学的急進派(功利主義者)が「無神の大学」として開校したばかりのロンドン大学ユニヴァーシテ

ウォルター・バジョット
（ノーマン・ハースト画）

ィー・カレッジに進んだ。ここで生涯の友人となるR・ハットンらと出会い、討論会を組織したり、J・ブライトら自由貿易運動の指導者や、チャーティスト運動の指導者たちの講演会に参加したりした。大学では、カントへの興味から道徳哲学を学び、一八四八年、最優秀の成績で文学修士号を得た。数学も熱心に学んでいる。

バジョットは、大学生活の終盤、法律家をめざして勉強を始めるが、気力がわかず諦めることになり、将来について深く思い悩んだ。気分転換のために赴いたフランスで、五一年一二月、ルイ・ナポレオンのクーデタに遭遇した。目の前で展開されたこの歴史的大事件について、彼は翌年、『インクワイアラー』誌に書簡形式で寄稿し、感受性が強く衝動的な国民性を持つフランス人に議会政治の運営は難しく、自由や議会も政治秩序なしには成り立たないという理由から、イギリスの世論とは正反対にクーデタを擁護した。この書簡で分析した政治体制と国民性との関係をめぐる考察は、彼の政治論の中核をなすものとして生涯続けられた。著書の一つ『自然科学と政治学』は、このテーマを正面から扱ったものである。

フランスで元気を取り戻した彼は帰国して、スタッキー銀行を手伝うことにした。そして、銀行経営と同時に、旺盛な執筆活動を始めた。五〇年代前半は、シェイクスピア論など文学的な評論が中心だった。一八五五年、彼はハットンと季刊誌『ナショナル・レビュー』を創刊して編集者兼執筆者となり（六四年廃刊）、ピール論や小ピット論など様々な政治評論を発表して名を知られていく。

一八五六年、ハットンが週刊新聞である『エコノミスト』の編集長就任を要請されたことから、バジョットは、同紙の経営者でパーマストン内閣で大蔵省の要職にあったJ・ウィルソン宅に招かれた。自由貿易推進のために同紙を創刊（一八四三年）し、初代編集長でもあったウィルソンはバジョットを気に入った。バジョットはウィルソンの娘のエリザに一目惚れで、彼の熱烈なアプローチの末、五八年四月に結婚式を挙げた。六一年、ハットンが『スペクテイター』誌編集のために同紙を去ると、バジョットが編集長に就き、毎週二本の記事を執筆した（同紙には今も「バジョット」というコラム欄がある）。ウィルソンは、インド参事会の財政委員として渡印して間もない六〇年八月に、赤痢で客死してしまった。これを受けてバジョットは、同紙に専心するため、銀行経営から退いて監査役になった。

これより少し前の一八五九年一月、バジョットは『ナショナル・レビュー』で「選挙法改正論」を公表した。この論文は評判となりパンフレットとして出版された。この成功を喜んだウィルソンは晩餐会を開き、大物政治家のグラッドストン、グレイ卿、G・C・ルイス、R・ロウや、著名な作家のサッカレーらを招いて、バジョットを紹介した。こうして彼は、自由党のエリート政治家たちの知己を得ることになった。この後、彼は、二つの出版物の編集と銀行業務とで多忙をきわめながら、財政通としても著名になっていく。六五年には銀行券発行法案について、大蔵大臣グラッドストンから相談を受け（往復書簡が数多く残っている）、自身の提案が修正案に入れられている。

一八六五年五月、隔週誌の『フォートナイトリー・レビュー』が創刊されると、創刊号の巻頭論文から『イギリス国制論』の連載が始まった。これが終わると、六七年一一月から七二年一月まで『自然科学と政治学』を構成する各論文が連載された。どちらとも、連載が終わった年に単行本として公刊された。

バジョットは庶民院議員選挙にも出ている。一八六〇年（ロンドン大学選挙区）、ちょうど『イギリス国制論』を連載していた頃の六五年六月（マンチェスター選挙区）、六六年六月（サマセットシャーのブリッジウォーター選挙区）、六七年（ロンドン大学選挙区）と合計四度の挑戦だったがいずれも落選に終わった。彼は演説が得意ではなく、聴衆の歓心を買うような演説には気乗りしなかったことが敗因だったという。

七〇年代も、バジョットは執筆活動を旺盛に続け、次第に金融や財政分野に注力していった。七三年四月には、金融論の古典『ロンバード街』が出版された。七六年には、当時の大蔵大臣の求めに応じて大蔵省証券法案を作った。バジョットは、多分野で活躍し、狩猟を中心に運動を好む活発な人物だったが、六七年に患った肺炎が完治せず、七七年三月に引いた風邪が悪化して、同月二四日、五一歳で急逝した。

二　「改革の時代」とウィッグ

バジョットの生きたヴィクトリア時代、イギリス社会は大きく変化し、それに伴い、イギリス政府は多種多様な政治課題への対応に迫られることとなった。

一八世紀後半からのいわゆる産業革命（工業化）の中、三つの階級が次第に明確な形を取るようになった。大土地所有を基盤とする地主階級(貴族やジェントリ)、自らの資本を元に商工業に従事する中流階級、資本家に雇用される労働者階級である。当時、政治支配者として国民一般から認められるには、「ジェントルマン」でなければならなかった。「ジェントルマン」には、不労所得を生む広大な土地財産の保持とパブリックスクールやオックスフォード、ケンブリッジ両大学で学ぶ古代ギリシアや古代ローマの古典教養の習得とが必要とされた。貴族を頂点とする地主階級は、伝統的にこの「財産と教養」を独占していたことから、政治支配者層の地位にとどまり続けていたのである。世紀が進むと、大資本家や大金融業者ら上層中流階級は、地主階級と結びつき、ジェントルマンの仲間入りをして政治支配者層を形成するようになった。他方、小規模の店舗経営者は、下層中流階級(一九世紀後半には事務職員などのホワイトカラーも加わった)を構成するようになる。労働者階級も、複雑な大型機械を扱い、何名かの労働者を自ら雇用する熟練工(職工)と特別な技術を持たない未熟練労働者とにわかれた。前者は「労働貴族」とも呼ばれて上層労働者階級を形成し、後者は下層労働者階級に位置づけられた。下層中流階級以下の階級は、自分たちの代表を議会に送ることができない被治者層だった。

一九世紀に入ると、イギリスは改革の時代を迎え、カトリック教徒解放法(一八二九年)や第一次選挙法改正(三二年)、穀物法の廃止(四六年)などの自由化や民主化が進められた。地主階級の支配の下、実業活動に制約を受けたことから自由化を求めた中流階級や、社会変化の中で苦境に立たされた労働者階級など、被治者側からの様々な異議申し立てが行われた。マルクスとエンゲルスの『共産党宣言』がロンドンで出版されたのは一八四八年、マルクス『資本論』第一部の出版は、本書初版と同じ一八六七年である。ただし、この時代の政治改革を見る上で重要なのは、それが「上からの改革」だったことである。地主貴族中心の政治支配者層は、所領の農地の改良や炭鉱開発、金融界への進出などで時代の趨勢に適応しながら、被治者層からの要求に漸進的な改革で応えていった。産業社会で成功した中流階級をその上層部から順に取り込み体制内化して、被治者層の反体制運動を事前に抑え込んでいった。このような「開かれた」上流階級は、社会的上昇の可能性がある人々には憧れや敬意、そして服従の対象になる。革命に揺れたヨーロッパ大陸諸国とは異なり、「スノビズム(上流気どり)」とも揶揄される生活態度を中流階級に生み出して、地主貴族の政治支配はなおも盤石だった。

当時の政治支配者層は、一七世紀のイギリス革命(ピューリタン革命、名誉革命)に端を発するウィッグ(ホイッグ)党とトーリー党にわかれ、フランス革命などの諸外国の民主化や工業化への対応から、ウィッグは次第に自由貿易や民主化を進める立場へと傾き(のちに自由党となる)、トーリーは地主階級の利害を代表する保守的な立場に向かっていった(のちに保守党になる)。バジョットが属したウィッグは、議会政治を、国民の自由と秩序の維持という二つの政治的価値を同時に実現する「自由な統治」と呼んで、これがイギリスで最良の形で実現されていることを誇り、その維持を最優先課題とした。ウィッグが「自由な統治」を成り立たせるための秘訣としたのは、影響力を増す世論に圧倒されることなく、これを採り入れて多数者の同意を取りつけながら巧みに指導力を発揮し、現状墨守と急進的な改革という両極端を避けて、穏健な路線、中庸の道を探り、少しずつ改革を進めていく妥協の政治だった(詳しくは、拙著『妥協の政治学——イギリス議会政治の思想空間』風行社、二〇一七年、を参照)。そこでは優れた政治的リーダーシップが求められることになるのは言うまでもない。バジョットの主要な関心もそこにあった。

三　第二次選挙法改正と『イギリス国制論』

改革の時代のクライマックスになったのが、結果的に数十年おきに行われることになった選挙法改正である。一九世紀に三度あった改正のポイントは、有権者資格の財産制限の緩和と、地主貴族が意のままに議員を選出できた腐敗選挙区を廃止して新興の大都市に議席を移動させることだった。

一八三二年の第一次選挙法改正では、都市の下層中流階級に選挙権が付与されたものの、おおよそ二五〇〇万人の国民のうち、有権者が一六万人から九六万人に増加しただけだった。そのため、再度の改正の問題が燻り続けた。五九年、ダービー保守党政権の時代に、少数党の地位に長年甘んじていた保守党の立場の打開を図ったディズレイリの主導の下、改正案が議会に上程され改正論争が盛り上がった。しかし、これが失敗に終わるなどした後、砲艦外交を貫く外政とは反対に内政面では保守的な姿勢を貫くパーマストン自由党政権になると、改正の気運は後退した。それでも、歴代最高齢の首相が八〇歳を迎えようとする六〇年代の中頃になると、「パーマストン後」が意識され、改正論争が再び活発になった(パーマストンは六五年一〇月死去)。

六〇年代中頃の選挙法改正論争は、パーマストン政権期の沈静化の反作用として、普通選挙容認論も含めて急進化し、議会外では、「選挙法改正連盟」などによる改正要求運動が過激化していた。本書第一章「内閣」が『フォートナイトリー・レビュー』創刊号(一八六五年五月)の巻頭論文に掲載され、『イギリス国制論』を構成する各論文の連載が始まったのは、こうした時期だった。六六年には、ラッセル自由党政権が財産資格の引き下げによる選挙権拡大案を上程したが否決され、内閣は総辞職した。翌六七年、院外の改正運動が過激化する中、国政の主導権を握ろうとするディズレイリは、ブライトら急進派に対する大幅な譲歩を重ね、都市の労働者の財産資格を撤廃するドラスティックな選挙権の改正を成立させた。連載が終わり『イギリス国制論』の初版が出版されたのは、この年である。「暗闇への跳躍」と恐れられたこの改正で、三〇〇〇万人の人口中、有権者は一三五万人から二四七万人に増加した。バジョットの想定をはるかに超えた改正の内容は、彼を深く憂慮させるものだった。本書の底本である七二年に出版された第二版の「序文」では、新たに選挙権を得た労働者階級の意見が支配的になり「悪魔の声」(下巻二〇一頁)とならないよう、政治支配者層に細心の注意を払って国政の舵取りを行うべきだと論じるバジョットの危機感が、率直に表明されている。

一九世紀のイギリスでは、各政治党派が持論を展開するために定期刊行物を用いて論争した。ウィッグ系の『エジンバラ・レビュー』、トーリー系の『クォータリー・レビュー』、哲学的急進派の『ウェストミンスター・レビュー』が有名である。

『フォートナイトリー・レビュー』の編集者や寄稿者の大半は、当時の思想界の中心人物で普通選挙の実現をめざしていたＪ・Ｓ・ミルの思想に傾倒する人々だった。初代編集者のＧ・Ｈ・ルイスも第二代編集者のＪ・モーリーも、ミルの弟子とされる。執筆陣も、小説家のＧ・エリオットや急進的な思想家Ｆ・ハリソンなど、ミルを通じてフランスの哲学者Ａ・コントの実証主義から強く影響を受けた知識人であり、同誌は一般に実証主義の立場の雑誌だと見られていた。しかし、巻頭論文の冒頭で、バジョットはミルの論文を批判的に引用し（上巻第一章注（1）参照）、ミル『代議制統治論』（一八六一年）の表現を逆手にとって大幅な選挙権の拡大論を批判している（下巻一四九頁）。また、バジョットは本書の随所で、事実だけにしか目を向けない実証主義的な政治論を否定している。このことは、彼の本書執筆の意図や思想的な立場を考える上で重要である。

冒頭でのミル批判の後、バジョットの批判の矛先は、イギリス国制を三権分立や混合政体を用いて説明する「紙の上での説明」（上巻一五頁）へと向かう。そうして、自身の国制論の核心である「実効的部分」と「尊厳的部分」の議論に入る。

この種の〔多種多様な住民を抱える〕国制には、二つの部分がある。……まず、住民の崇敬心をかき立てて、これを維持する部分である。これを尊厳的部分と名づけたい。次に実効的部分である。国制は、実際には、この部分によって作動して、統治するのである(上巻一九頁)。

以下、選挙法改正問題に留意しながら、これらの部分を一つずつ見ていこう。

四 「実効的部分」

まずは政治運営を実際に行う「実効的部分」である。ここには主に庶民院と内閣が入るが、君主や貴族院にも実効的な役割はある。

庶民院

バジョットは、第五章「庶民院」で庶民院の機能を五つ挙げている。首相の選出機能、国民の意見を国政の場で表明する機能、国民教育の機能、国民の不平を報告する機能、立法機能である。注目すべきは、庶民院の第一の機能に首相の選出を挙げていることである。バジョットの主要な関心は一貫して政治的リーダーシップとそれを担う人材にあった。つまり、「よい統治」が実現するための優れた政治指導者(首相)の選出と、それが行える庶民院議員の確保にあった。この点で、彼にとって選挙法改正は、うまく行けば、優れた政治指導者層を得られる選挙のしくみをもたらすチャンスでもあったのである。

では、バジョットが考えた望ましい政治的リーダーシップや人材とはどのようなものだったのか。当時、政治支配者層に求められたのは、「財産と教養」を持つジェントルマンであることだった。これに対してバジョットは、複雑化する政治社会情勢の中、「経営」の視点に基づく政治的リーダーシップやこれをそなえた人材の必要性を繰り返し訴えた。彼によれば、組織経営で培われる実践的な知恵も独自の「実業に関する教養」(下巻四四頁)であり、「実業の財産」である株式や動産を保持する経営者たちは「実業のジェントルマン」だった。当時の産業界も、時代の変化に対応できない地主政治を批判して、政治運営に「実業の原理」を導入すべきだと唱えていた。後で述べるバジョットの官僚制批判にも、こうした観点が貫かれている。

バジョットは、政治家に、欲目を捨て全体を俯瞰して先手を打っていく政治姿勢を求めた。それには、政治的な敵対者とも、意見が共通する部分を冷静に見極めて妥協点を探っていく穏健さが必要になる。彼の政党論もこうした観点から展開されている。政党は、「庶民院にとって本質的なもの」である(上巻二二四頁)。しかし、政治家に対する政党の影響力が強すぎるために、「自分の党の信条に執着しすぎて、実現不可能な結論を押し通す」ような「熱狂的な党派人」を作らないよう注意が必要である(上巻二二四―一七頁)。第五章でバジョットは、普通選挙制も比例代表制も、議員を政党の言いなりにする危険性が大きく、政党間の妥協を不可能にすると示して、これらの制度を批判した。本書で描かれた第二次パーマストン政権期は、自由党と保守党の首脳同士の協力による「パーマストン・ダービー連合」が成立していて、両党の「同質的で分別のある非常に大きな中立的集団」(上巻四八頁)による国政運営が進められた時期だった。バジョットはこうした国政運営が続くことを望んでいたのである。

本書には、イギリスの政治家を中心に欧米各国の政治家が登場する。バジョットは、ピールやウォルポールは「管理人」(上巻一八〇頁)、ディズレイリは「疑り深い弁士」(上巻二四七頁)等、様々な政治家に多様な評価を下している。バジョットは、政治家論を数多く執筆しており、彼の政治論はこれによって鍛え上げられたと言えるほどである。政治家の目利きをするとき、彼の関心は一貫していた。それぞれに異なる時代や地域に適した政治家や政治手腕とはどのようなものか、という関心である。彼は、庶民院議員一般に求められる実務家的な手腕を基本にしながら、時代状況に適った政治家のあり方を探った。本書には、たとえば、「重大な危機への対処に適した類いまれな政治的資質、すなわち、毅然とした意志、瞬発力、激しい気性は、平時には無用だし、かえって障害にもなる。日常の政治には、チャタム卿のような人物よりも、リヴァプール卿のような人物が適当である。ナポレオンのような人物よりも、ルイ・フィリップのような人物の方が断然ふさわしい」(上巻五三頁)という議論がある。バジョットがもっとも高く評価した同時代の政治家は、安定的で改革が不要な政治状況では、優れた調整力を持つ「組織経営者」タイプのピールであり、不安定で改革が必要な政治状況では、優れた実務家でありながらも、力強い演説によって民衆を導く「雄弁家」タイプのグラッドストンだった。

バジョットは、様々な論文で、議会政治とは、実務的な政治家たちが調整や妥協を繰り返しながら進める地味な営みにすぎず、英雄的な人物の鮮やかな政治手腕が国民を栄光へと導くような輝かしいものではないという主張を繰り返した。「長年の経験がもたらすもっとも価値ある成果は、様々な過ちに対して本能的に警戒できる絶妙にバランスのとれた精神である」(下巻一八頁)という大臣をめぐる第六章の議論は、政治とは、細心の注意を払って妥協の余地を探っていくものだと考えたバジョットの政治観が端的に表現されている。彼の考えでは、むしろ、日常の細かな業務に専心できていることこそが、議会政治の成功の証だったのである。

貴族院

こうした人材論の視点は、貴族院を論じる際にも貫かれている。「実効的部分」としての貴族院は、「文献上の理論」(下巻二〇四頁)にあるような庶民院と同等の立場を失っており、第一次選挙法改正以降、庶民院が提出した法案の「修正や延期を行う議会になった」(上巻一五二頁)。国政を円滑かつ強力に推進できる議院内閣制のしくみを高く評価するバジョットにとって、庶民院への権力の集中は望ましいものだった。バジョットによれば、そうした状況で貴族院がなお存在意義を示すためには、庶民院の「補完的な役割」(上巻一七六、一八九頁)を担う「修正や調整、阻止のための」議院(上巻一六八頁)の役割を果たすことである。そのためには、産業社会の抵抗勢力になりがちの地主階級だけが貴族院の構成要素であり続けてはならず、マコーリーやグレイ卿(バジョット本人もであろうか)のような、「他の同時代人には見通せない問題を見通して、同時代人が誤解してしまう問題を正しく理解できる批評家」(上巻一七六頁)的人物を、一代貴族の任命を通じて一定数確保する必要がある。バジョットは本書で繰り返し一代貴族の創設などの貴族院改革を唱えている。歴史的にも、一九一一年の議会法などで、貴族院の権限はさらに縮小して「庶民院の優越」が確立し、二〇世紀末には、約九〇名を残して世襲貴族は同院を去ることになった。代わって現在の貴族院の大半は、一代貴族が占めている。

内閣

内閣論は、本書のもっとも重要な議論の一つだろう。バジョットは、三権分立論などを批判して、イギリス国制は、実際には内閣が「ハイフン」、「バックル」(上巻三二頁)になって行政府と立法府が融合した政治体制だと論じた。

イギリス国制がうまく機能している秘密は、行政権と立法権の密接な結合、ほぼ完全に近い融合として説明できるだろう。……両者を連結しているのは内閣である（上巻二八頁）。

議院内閣制について三権分立を強調する議論に親しんできた読者には新鮮に感じられるかもしれないが、イギリスの議院内閣制は、むしろ、内閣とその長である首相に権力を集中させるしくみ（「ウェストミンスター・モデル」と呼ばれる）として説明される。こうした議院内閣制の理解に先鞭をつけたのが本書である。

ただし、当時、バジョットだけが内閣に注目していたわけではない。たとえば、法学者のJ・オースティンは、『国制擁護論』（一八五九年）の中で、主権を分割する国王、庶民院、貴族院のあいだの調和をもたらす「両院の常設委員会」としての内閣の役割に注目しているし、本書に何度も登場するグレイ卿も、一八五八年の著作で、行政権と立法権が「実質的に同じ（人々の）手の中で結合している」と論じている。その他にも、こうした議論は当時より見られた。

本書がイギリスの内閣論の古典的説明の地位を得たのは、内閣へのいち早い注目ではなく、その内容にあった。アメリカ大統領制との政治体制面での比較分析を行った上で、内閣をイギリス政治の要石として国制の中に位置づけたのである。バジョットは、厳格な権力分立のしくみを採用する大統領制に対して、議院内閣制の優位性を説いた(第一章)。大統領制は、行政府と立法府の対立を生んで「支配権全体を弱体化させる」(上巻四五頁)。バジョットの考えでは、政府を「自分たちの外部にある機関だ」と見なすのは「古臭い考え」(下巻一七四頁)であり、工業化が進み複雑になった社会には、強力で円滑な行政府の活動が不可欠であるため、立法権と行政権の協働関係を生んで、そうした活動を促す議院内閣制の方が優れている。

当時、プロイセンの躍進で専門的な官僚機構に対する関心や評価が高まっていたが、官僚制の弊害も議院内閣制なら取り除くことができる。「業務の形式を手段ではなく目的だと考え」(下巻三八頁)、過度な形式主義に陥りがちの官僚機構に対して、任期途中の政権交代が可能な議院内閣制であれば、議会を中心に政府を継続的に監視して、無能な内閣を罷免したり時局に合った内閣を任命したりできる。これにより議院内閣制は、有権者から選ばれ、「外部の感覚」(下巻四八頁)や「新鮮な知性」(下巻四六、六八頁)を持った議員を大臣に据えて、時代の趨勢に合致した政策の実施を可能にするとともに、そうした大臣が省庁の「保護装置」(下巻二九頁)となって、省庁の専門性を守ることもできるのである。

バジョットによれば、任期が固定された大統領制では、議会や世論の政府監視機能が働きづらい。イギリス国民は選挙のとき以外は奴隷だと述べたルソー『社会契約論』のアンチテーゼにも読めるが、議院内閣制は、政治との日々の関わりを通じて、政治家だけでなく有権者の質も高めるとバジョットは考えたのである。

五　「尊厳的部分」

国民の政治的服従の獲得という観点から、政治における人間の感情面に着目した「尊厳的部分」の議論は、本書の特徴の一つである。国民国家化が進み、国民の政治的包摂が重要になった当時、君主を中心とする伝統的な政治制度が、こうした点で積極的な役割を果たしていると論じることで、本書は、立憲君主制をめぐる後世の議論に多大な影響を与えることとなった。

たとえば、ジョージ五世(在位一九一〇―三六年)は、立憲君主制における君主のあり方について本書から大きな影響を受け、バジョットが君主にあると論じた「相談を受ける権利、奨励する権利、警告を与える権利」(上巻一一七頁)の実践を重んじていた。孫のエリザベス二世(在位一九五二―二〇二二年)も、王位継承者として国制史を学ぶ中で、本書についてよく学んだようである。君主のあり方をめぐるジョージ五世の考えは、昭和天皇に影響を与えただけでなく、H・ニコルソン『ジョージ五世伝』(一九五二年)を通じて、若い頃の上皇にも伝わっている。また、福澤諭吉の『帝室論』(一八八二年)には、「「バシーオ氏」の英国政体論に曰く」(『帝室論』四六頁)として、本書第二章の議論の一部(上巻八四―五頁)が扱われている。ただし、同書の冒頭に出てくる「帝王の尊厳威力を論じて之を一国の緩和力と評した」「西洋の一学士」(『帝室論』九頁)をバジョットのことだとする理解には、後で述べる理由から慎重であるべきだと考える。「尊厳的部分」という斬新な視点から君主の役割に切り込んだ本書の議論は、同じく立憲君主制を採る日本にとっても、ヒントになるところが多いはずである。

恭順型社会

「尊厳的部分」は、国民の「目に見える統合の象徴」(上巻七六頁)である君主を中心に、貴族(院)が加わり、「人々の忠誠心や信頼を勝ち取って、次にこの敬意を用いて政府を動か」（上巻二〇頁）す役割を果たす。「政府のあらゆる活動の前提であり、必要条件」（上巻二二頁）である「尊厳的部分」が引き出す国民の敬意を活用することではじめて、「実効的部分」は活動できるのである。

　ただし、バジョットによれば、イギリス国民の敬意に基づく政治的な服従のありようは「この上なく風変わり」（下巻一四二頁）なものである。「尊厳的部分」は、第八章で論じられているイギリス特有の恭順型社会を作り出して、「議論による政治」（下巻二六四頁）や議院内閣制の成立を支えている。この「尊厳的部分」や恭順型社会の議論は、「崇敬（reverence）」と「恭順（deference）」という性質の異なる二つの敬意から構成されており、これらを腑分けして見ていく必要がある（上巻第一章注（４）参照）。以下、崇敬と恭順の意味を明らかにしながら、バジョットの恭順型社会論について説明しよう。

　議院内閣制を支える敬意として、第一に、下層労働者階級が君主に抱く宗教的な感情に近い崇敬心がある。これは、「君臨」と「統治」の違いを理解できない「貧しく無知な階級」が、「神の恩寵を受けた」と感じる国王に対して抱く内面的な畏敬の念である（下巻一二九―三〇頁）。バジョットは、宗教的な含みの強いこうした表現を用いることで、この階級が、神のような存在に支配されている自らの境遇に「政治的な満足感」（下巻一四六頁）を抱いていることを印象づける。その上で、議会で採り上げるべき意見を持たず（上巻二五〇頁）、選挙権を与えても「力ずくでの権力奪取」（下巻一二九頁）にしかならないこの階級に選挙権は不要だと論じた。バジョットは、崇敬心の議論を通じて、下層労働者階級を有権者層の枠組みから排除したのである。

恭順型社会が扱われる第八章では、下層労働者階級の恭順の態度が論じられている。他方、君主の尊厳的役割について考察した第一章や第二章では、恭順については一度も言及されない。崇敬と恭順という二つの敬意については、特にこの階級との関係で注意が必要になる。恭順とは、「数の上での多数者が、喜んで、また自分から進んで、一定の選ばれた少数者に対して指導者選択権を委ね」（下巻一四二頁）るという政治的な服従の意味を持った態度として、外面に表れるものである。次の一節では、下層労働者階級（「大多数の国民」）の恭順の様子が描かれている。

大多数の国民は、いわゆる社会の演劇的な見世物に恭順しているのである。豪華絢爛な一行が目の前を通り過ぎる。名士たちの華麗な行列、美しいご婦人方の華麗な姿。富や快楽を示す見事な情景が目の前に現れて、見る者はこれに威圧される。見物人は、想像の中で膝を屈する。彼らは暮らしぶりの違いを見せつけられて、到底かなわないと感じるのである(下巻一四三頁)。

下層労働者階級の恭順は、彼らが実際の政治指導者だと信じて疑わない地主貴族に対して向けられている。ところが、有権者層の大半を占めていることによって、選挙を通じて自分たちの意見を国政に反映させることもできるという意味で「専制的な権力」(下巻一四二頁)を握っているのは、「形だけの有権者たち、つまり都市選挙区の一〇ポンド借家人」(下巻一四五頁)の下層中流階級である。だから、下層労働者階級の地主貴族への恭順は、結果的に、選挙において圧倒的な票数を持つ下層中流階級に対する政治的服従として現れることになるのである。「この上なく風変わり」なイギリスの恭順型社会とは、このように、下層労働者階級の主観的な恭順の対象(地主貴族)と現実的な権力の委譲の対象(下層中流階級)のズレによって成立している。こうして、非有権者層である下層労働者階級は、下層中流階級以上の有権者層に選挙権の行使という意味での政治権力を譲り渡すのである。

しかし、凡庸な下層中流階級に政治的発言権が渡ったところで、議院内閣制は機能しない。これらの人々では、議会で討論を行い、内閣を組織して国政を運営することはできないからである。そのため、下層中流階級が地主貴族に政治権力を委譲しなければ、議院内閣制は成立しない。ここに、第二の敬意、つまり、下層中流階級から地主貴族への恭順が必要とされる理由がある。実は、この恭順は、恭順型社会について論じた第八章では明確には論じられていないため、本書の各所に目を配る必要がある。たとえば、第五章の次の文章である。バジョットは、有権者層内部の敬意について論じる際には一貫して、崇敬には言及せずに、恭順を用いて説明している。

実を言えば、恭順の本能が、尊厳的部分と実効的部分の両方を守ってくれるのである。貴族階級は、「選挙区」における一大権力なのである。選挙民の半数は、オナラブルの敬称が付く人物や準男爵に惚れ込んでいる(上巻二五一－五二頁)。

この恭順関係が機能することで、下層中流階級(選挙権付与の後には上層労働者階級も含む)は自らの階級からは代表を送り込まず、地主貴族たちに議席を与えることで議院内閣制が成り立っている。

バジョットは、「尊厳的部分」が崇敬と恭順を生むことで、第一に、国民全体の中では、下層労働者階級を、世論や選挙、議院内閣制の領域から締め出し、第二に、有権者層内部では、下層中流階級(と上層労働者階級)の政治支配者層への実質的な参入を退けている様子を描いたのである。ただし、崇敬や恭順は、下位の階級の人々だけのものではない。教養のレベルが高いほど、崇敬や恭順を抱かなくなる傾向は強い。そのため、より教養に富んだ上位の階級は、これらの敬意の影響を受けにくくなるが、ジョージ三世に謁見する際のチャタム卿のように(上巻一二二―一二三頁)、個人の性格による差もあって、階級で一括りにすることはできないのである。

このように「尊厳的部分」や恭順型社会をめぐるバジョットの議論は、君主の威徳の中で国民全体が満足感に浸るような単純な内容のものではない。バジョットが描く恭順型社会のしくみは、議院内閣制の維持のために、選挙法改正において選挙権の拡大を最小限にとどめようとする、彼の実践的意図と密接に関わるものだったのである。

議院内閣制から排除されたのは、下層中流階級以下の被治者たちだけではない。第三章「君主(続き)」を中心に、君主の実効的な役割も多く論じられるが、それらの議論でバジョットは、議院内閣制に理想的なしかたで関与する国王の様子を描きつつ、世襲の国王の実際の無能ぶりを、歯に衣着せぬ筆致で描くという手法を繰り返している。読者には、理想の国王と実際の国王の落差が浮き彫りになるだろう。こうしてバジョットは、「実効的部分」から国王を除外した。このように、「尊厳的部分」は、議院内閣制を担う「実効的部分」から排除されたものや、排除すべきとバジョットが考えたものの集まりでできている。

「尊厳的部分」の成立

「尊厳的部分」に含まれるのは君主だけではない。貴族(院)ももちろん重要な構成要素であるほか、庶民院などにも尊厳的な部分はあって、複数の要素からできている。イギリス社会内部の敬意に基づいた支配服従関係について、バジョットは本書以前から注目し歴史的に分析していた。ただし、これが「尊厳的部分」という一体のものとして論じられるのは、本書がはじめてである。バジョットは、どのような理由から、こうした着想を得て、本書で論じることになったのだろうか。

これは、バジョットの政治指導者構想と関係が深い。彼は新興の経営者たちが議会に入り、経営を知る地主貴族たちと協力しながら国政を運営すべきだと論じた。しかし、成り上がりの実業家たちは、地主貴族のように政治支配者に値する者として国民から敬意を得られていない。それどころか、実績にしか興味のない卑俗な利益第一主義の成金と見られていた。バジョットは、どうすれば実業家たちの政治指導を被治者層に認めてもらえるか、という問題に取り組まなければならなかったのである。

実業家たちが服従を得るためには、有能であっても実利一辺倒に陥りがちな彼ら自身の政治理解を変える必要があった。バジョットは、特にこうした思潮の理論的な支えになっていた実証主義的な知識人たちの議論を問題視した。バジョットの見立てでは、これらの人々は、効率的な統治しか頭になく、服従を得るために被治者の感情に働きかける必要があることを理解していなかった。実際、これらの人々は、民衆は彼ら知的エリートの論理的な説明に納得してその指導に従うだろうから、普通選挙の実施も十分に可能だと考え、さらには『フォートナイトリー・レビュー』で君主不要論を展開した。一九世紀には、実績主義的な観点から、王室の虚構性や王室維持費の問題などが批判的に議論され続けたが、特に、夫アルバート公死去(一八六一年)後のヴィクトリア女王の隠遁生活は、王室批判を高めた。こういう事情から、バジョットは、「実務に偏った」(上巻二〇頁)知識人たちの議論を否定して、被治者層が政治について考えるとき、王室を中心とした「尊厳的部分」がどれだけ大きなウエイトを占めているのかを示し、その政治的利用価値を明らかにしなければならなかったわけである。こうした意味で、本書は、バジョットが新たな政治支配者層に向けて執筆した政治教育論の性格を強く帯びている。「尊厳的部分」の着想には、以上の政治戦略的な意図に加えて、王室をめぐるバジョットの歴史認識が重要な役割を果たしている。本書では、特に第二章と第九章とでイギリス王権の歴史が扱われている。それらの議論を追うと、君主に対する国民の忠誠は、イギリス革命の混乱の後、追放されたジェイムズ二世らの支持者(「ジャコバイト」)とアン女王やハノーヴァー家の諸王の支持者とでわかれていたが、ジョージ三世の治世に入ると、大貴族たちの支援も得て、ハノーヴァー家は国民の忠誠を独占するようになったと論じられている(下巻一六八―一六九頁)。つまり、長い歴史の中では、必ずしも一つの王家に集中してばかりではなかった君主に対する国民の忠誠が、バジョットの時代にはひとりの国王に向かう特別な状況が生まれていたという歴史理解が彼にはあった。この理解が、いくつもの尊厳的な機関が王室を中心に一つにまとまった「尊厳的部分」の発想として結実したのだと考えることができる。

六　国制について

邦題について

最後に、本書のタイトル *The English Constitution* の邦題について述べたい。

まず、English には、スコットランドとウェールズと北アイルランドとともに連合王国を構成する「イングランドの」という意味もあり、本書でもこの訳語を当てた箇所もある。ただし、本書で使用されているこの語の大半は、「イギリスの」と訳した。一七〇七年のイングランドとスコットランドの合同以降、フランスとの対抗関係の中、特に反カトリックという宗教的な理由で「イギリス」人意識が強まり、一九世紀には、England はブリテン全体を指すようになっていたからである(カトリックであるアイルランドは含まれない)。このことは著作物のタイトルにも反映された。ヴィクトリア時代に出版されたブリテン全体の歴史を扱う一一二冊のうち一〇八冊が、タイトルに England を採用していたのである。

イギリスの constitution をどう訳すのかは、実はかなり厄介な問題である。この言葉は、「基礎を構成するもの」、「基本法」という意味を持ち、通常は「憲法」と訳される。たしかに、日本国憲法のように憲法典を持つ国の場合の constitution は、そのまま憲法と訳せる。本書でも、明らかに成文憲法を指す場合には憲法と訳した。しかし、イギリスのように憲法典を持たない場合や、基本的人権の保障や権力分立を含んだ憲法典が生まれる一八世紀後半よりも前に使用された constitution の場合、そのまま憲法と訳すことはできない。

バジョットが本書で展開しているイギリスの constitution は、憲法という言葉で一般に理解されるような、条文が並んだ成文憲法と大きく異なっている。「イギリス国制は、単一の主権を設立して、その主権に存分にやらせるという原理に基づいて設計されて」(下巻八七頁)おり、その設計通りに主権が働くためには、議会や政党やこれを支える議会政治家の適切な任務の遂行、さらには、新聞や雑誌を通じた世論の形成が必要である。こうした本書の議論から読み取れるように、バジョットにとって、国制とは、政治権力の形成過程と、それを支える国家や社会の基本的な構造とで成り立つものだった。「実効的部分」と「尊厳的部分」の議論は、この考えに対応していると見ることもできるだろう。この点は、法学者のA・V・ダイシーが、バジョットを、憲法典ではなく、憲法の慣行(convention)を論じた「慣行論者」に位置づけたことに通じる。

加えて、バジョットのconstitution観は、民主政体を複数の政体のうちの一つとして相対化し、少数者による政治指導と自由な多数者の同意のあり方を模索したアリストテレスの「国制(ポリテイア)」論の伝統に属していると見ることができる。そのポリテイアは、constitutionと英訳される場合が多い。constitutionは、イギリス史の分野では「国制」と訳されることが多く、古代ギリシアから現代までを対象とする政治思想史でも、モンテスキューやJ・S・ミルなど、様々な思想家たちがこの言葉を使用していて、やはり国制と訳されることが多い。訳者は以上の理由から、国制という訳語を採用した。

国制と国民――バジョットの国制観

バジョットの国制観は、成典としてだけでなく、より多面的なものとしてconstitutionを理解していくために有効な内容を豊かに持つ。『イギリス国制論』というタイトルの本書が扱う内容は、制度面や慣行面に尽きるものではない。たとえば、第八章ではまるごと一章を割いて、選挙政治の成立条件(有権者層の「相互信頼」、「平静さ」、「合理性」)と議院内閣制の成立条件(恭順型社会)が論じられている。その他にも、政治を「日常業務」（上巻四二頁）とするほど「公共の問題にいつも関心を払」（下巻二二六頁）っていたり、「自由」がもたらす「妥協の姿勢」（上巻二〇二頁）を身につけているなど、議会政治の成立に必要な国民の政治的な性格、当時流行した言葉で表現すると「国民性」に関する議論が随所に見られる。

議院内閣制の成立をめぐる人的な条件は、被治者としての国民だけにあったわけではない。議院内閣制の運営に適した政治家像の探究や選挙法改正等を通じた経営者的な人物中心の政治指導者層形成の必要性は、バジョット政治思想のかなめである。こうした政治家は、議院内閣制の「調整器（庶民院解散権）」（第七章）や政党など、国制上の様々な制度や慣行から影響を受けて生まれるが、他方、政治家にふさわしい資質をそなえた人物がいるからこそ、議院内閣制が成り立つという面もある。次の引用は、バジョットのそうした理解を示している。

現在の〔政治的な〕慣行は、それを機能させている人々に良識があることではじめて機能している。新しい慣行ができても、同じような良識と実務的性質に頼らなければならないだろう（下巻二三五―三六頁）。

国制は、各国の国民の性格に強い影響を与えるが、国民、有権者、政治家の性格が反対にその国の国制のありようを定めていく。バジョットにとって、国制と国民は、長い年月のなかの相互作用を通じて作られた歴史的な形成物だったのである。

議会政治論の古典

本書には、普通選挙制度を否定し、労働者階級を政治の世界から排除するといった反民主主義的な議論が見られるが、それでも本書は、二一世紀の現在まで高い評価を得てきた。その理由は、ヴィクトリア時代の議会政治が、現代の民主主義に通じる部分を多く含むからだろう。そうした点に注目すれば、当時のイギリス議会政治には、限られた有権者層内部でではあるものの、選挙を通じたエリートたちの競争という意味での民主主義があったという見方も成り立つ。もちろん、現代の民主主義が抱える問題は、きわめて複雑かつ深刻なものではある。だからこそ、そうした問題の噴出を前に民主主義の機能不全が言われる今日において、高い政治的関心を持って世論を形成できる国民や、政府を厳しく監視するマスコミ、国制に組み込まれた与党批判のための「陛下の野党(反対党)」、既存の国制を尊重しながら時代に合わせた政治指導を行える政治指導者など、議会政治のエッセンス、議会政治の基本構造を取り出して鋭く描き出した『イギリス国制論』は、私たちに貴重な知見を与え続けてくれる議会政治論の古典としての価値がある。

＊　＊

本書翻訳の話があったのは、四年前の二〇一九年初春だった。それまでも長くバジョットの研究を続けてきていたが、『イギリス国制論』の翻訳は、いつかゆっくりできれば、とぼんやり考えていた訳者にとっては、思いもかけない話だった。それからは、訳稿と訳注の作成に傾注してきた。論文執筆のために読むのとは違い、ただ理解するためだけに読む、という読み方を、バジョットについてじっくりとできた、苦しくも楽しい時間だった。おかげでこの間、バジョットの政治思想はもちろん、古典の読み方そのものについて、多くの発見があった。何よりも、議院内閣制の動きや運用について論じた本書から、私たちは学べるところがたくさんあるし、もっと学ぶべきではないかと考えるようになった。こうしたこともあって、本書では、できるだけ多くの人に、特に高校生も含めて若い人にも手にとってもらえるよう、平易な訳文を心がけた。また、本書の理解に役立つと思われる歴史的、文化的な背景について、「訳注」で詳しく説明した。ただ、本書の訳出作業の難しさは予想をはるかに上回るもので、訳者自身の力不足を痛感せざるを得なかった。

何とか公刊の形を整えることができたのは、関口正司先生のおかげである。J・S・ミルの翻訳を次々と手がけてこられた関口先生による厳密で丁寧な訳稿チェックによって、訳者は数多くの間違いを正すことができ、訳文がずっと正確で読みやすいものになった。大学院時代から時を経て再び賜った大きな学恩には、訳者の今後の研究で報いていくしかない。松田宏一郎先生は、訳稿や初校に丁寧に目を通し、より理解の深い訳文を提案したり、イギリスの歴史や制度に関する訳者の知識不足を補ったりして下さった。その他にも、ヨーロッパ各国の歴史的知識について、数名の方からアドバイスをいただいた。岩波書店の小田野耕明さんには、企画の段階から様々にお世話になった。小田野さんの鋭い指摘や疑問に一つひとつ応えていくことで、いくつもの誤りを正すことができた。校正者の方からも貴重な指摘をいくつもいただいた。本書は、こうした方々の助けがあって、はじめて成り立った。深く感謝申し上げたい。ただし、それでも残っている誤りや読みにくい訳文の全責任が訳者にあるのは、言うまでもない。

この訳業の大半は、コロナ禍の中で行われた。近隣の大学の図書館にも入れない状況での訳業を支えてくれたのは、本書の既訳は言うまでもなく、ヴィクトリア時代中葉の政治史や文化史の研究を中心に、事典類なども含め、日本語で出されてきた様々な研究の蓄積だった。古典の翻訳という仕事は、優れた先人たちの長きにわたる膨大な努力の積み重ねの上に、薄い膜を一枚重ねるようにして成り立つものだということを常に意識させられながら過ごした四年間だった。いわゆる「役に立たない」とされる研究が隅に追いやられる時流にのまれながら、時代を超えて残る書物が翻訳され出版される文化が、今後もこの国で残っていくことを願うばかりである。

最後に家族にも感謝を伝えることをお許しいただきたい。研究や教育に携わる者は、四六時中、仕事の中にいるようなものである。地道な研究を続けていくことが難しい時代にあって、訳者にとっては、家族といられることが何よりの研究環境だと思う。いつも本当にありがとう。

二〇二三年三月

遠山隆淑

索　引

（斜体の数字は「訳注」および「解説」のページを示す）

ア　行

サ　行

タ　行

マ　行

ヤ　行

ラ　行

ワ　行

イギリス国制論《こくせいろん》（下）〔全2冊〕 バジョット著

2023年5月16日　第1刷発行

訳　者　遠山隆淑《とおやまたかよし》

発行者　坂本政謙

発行所　株式会社 岩波書店
〒101-8002 東京都千代田区一ツ橋 2-5-5
案内 03-5210-4000　営業部 03-5210-4111
文庫編集部 03-5210-4051
https://www.iwanami.co.jp/

印刷 製本・法令印刷　カバー・精興社

ISBN 978-4-00-341223-7　　Printed in Japan

読書子に寄す

——岩波文庫発刊に際して——

岩波茂雄

真理は万人によって求められることを自ら欲し、芸術は万人によって愛されることを自ら望む。かつては民を愚昧ならしめるために学芸が最も狭き堂宇に閉鎖されたことがあった。今や知識と美とを特権階級の独占より奪い返すことはつねに進取的なる民衆の切実なる要求である。岩波文庫はこの要求に応じそれに励まされて生まれた。それは生命ある不朽の書を少数者の書斎と研究室とより解放して街頭にくまなく立たしめ民衆に伍せしめるであろう。近時大量生産予約出版の流行を見る。その広告宣伝の狂態はしばらくおくも、後代にのこすと誇称する全集がその編集に万全の用意をなしたるか。千古の典籍の翻訳企図に敬虔の態度を欠かざりしか。さらに分売を許さず読者を繫縛して数十冊を強うるがごとき、はたしてその揚言する学芸解放のゆえんなりや。吾人は天下の名士の声に和してこれを推挙するに躊躇するものである。このときにあたって、岩波書店は自己の責務のいよいよ重大なるを思い、従来の方針の徹底を期するため、すでに十数年以前より志して来た計画を慎重審議この際断然実行することにした。吾人は範をかのレクラム文庫にとり、古今東西にわたって文芸・哲学・社会科学・自然科学等種類のいかんを問わず、いやしくも万人の必読すべき真に古典的価値ある書をきわめて簡易なる形式において逐次刊行し、あらゆる人間に須要なる生活向上の資料、生活批判の原理を提供せんと欲する。この文庫は予約出版の方法を排したるがゆえに、読者は自己の欲する時に自己の欲する書物を各個に自由に選択することができる。携帯に便にして価格の低きを最主とするがゆえに、外観を顧みざるも内容に至っては厳選最も力を尽くし、従来の岩波出版物の特色をますます発揮せしめようとする。この計画たるや世間の一時の投機的なるものと異なり、永遠の事業として吾人は微力を傾倒し、あらゆる犠牲を忍んで今後永久に継続発展せしめ、もって文庫の使命を遺憾なく果たさしめることを期する。芸術を愛し知識を求むる士の自ら進んでこの挙に参加し、希望と忠言とを寄せられることは吾人の熱望するところである。その性質上経済的には最も困難多きこの事業にあえて当たらんとする吾人の志を諒として、その達成のため世の読書子とのうるわしき共同を期待する。

昭和二年七月